환경사란 무엇인가?

KB074066

What is
Environmental History?

환경사란 무엇인가?

도널드 휴즈 지음 | 최용찬 옮김

앨피

차례

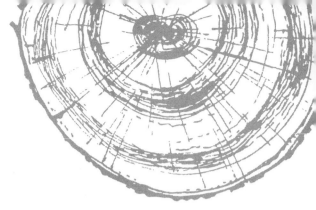

바야흐로 우리 학계에도 환경사의 시대가 열릴 모양이다. 2022년 가을에 개최되는 전국역사학대회의 공동주제가 '환경과 인간'으로 선정되었다. 제65회 역사학대회의 취지문에 따르면, "현재 인류가 당면하고 있는 위기를 '환경'이라는 키워드를 통해 바라보는 본 주제는 역사적인 경험에 대한 고찰을 통해 환경의 변화가 인간 사회에 미치는 영향과 대응 방식 및 '환경'을 역사학적 주제로 다루는 방법, 팬데믹 시대의 역사학의 역할과 같은 문제를 다루고자 하는 취지를 가지고 있다."

정말 오랫동안 기다려 온 반가운 소식이 아닐 수 없다. 적어도 이후부터는 한국 역사학계에서 환경사 연구자가 이른바 '별종' 취급을 당하는 경우는 확 줄겠구나라는 안도감에 긴 한숨을 몰아쉰다. 그러나 여전히 불안이 영혼을 잠식한다. 한국 역사학계 일부는 여전히 새로운 역사학 장르를 왕따시키는 못된 버릇이 거의 불치병 수준이기 때문이다.

그런데 우리나라 역사학계 전체가 환경사 주제를 홀대해 왔다고 주장하는 것은 전혀 사실과 부합하지 않는다. 실제로 오래전부터 환경사를 전문연구 분야로 설정하고 꾸준히 환경사를 연구해 온 학자들이 있었고, 10여 년 전부터 환경사를 학술대회 주제로 다룬 분과학회도 있었고, '환경과 인간' 같은 식의 공동주제가 학제간 공동학술대회의 연구 주제가 되는 경우도 있었기 때문이다. 예컨대, 2015년에 창립된 한국생태환경사학회가 그 적절한 사례에 해당한다.

"한국생태환경사학회는 '과거와 현재', 아니 '과거와 미래'의 대화를 진지하게 시도하기 위하여, 그리고 자연환경과 인간이 공존하며 '지속가능한 세상'을 만들어가는 데 인문학과 역사학이 이바지해야 한다는 취지로 2015년 11월 창립되었다."

이런 취지로 창립된 한국생태환경사학회는 어려운 여건 속에서도 학술지《생태환경과 역사》를 꾸준히 발간해 왔고, 2021년 하반기에 한국연구재단 등재후보지에 선정될 만큼 학문적 가치를 두루두루 인정받는 쾌거를 이루었다고 평가할 만하다. 이런 의미에서 이른바 환경사의 세기를 맞이하여 한국생태환경사학회가 명실공히 우리나라 환경사 연구를 선도하는 대표적인 전문 역사학회로 멋지게 발돋움하여 어엿한 주류 역사학회로 자리 잡기를 기대한다.

그럼에도 불구하고, 환경사 영역은 여전히 광활한 불모의 땅인 것처럼 아직 낯설다. 2022년 상반기, 우리나라에 번역 소개된 세계적인 명저《생태의 시대》의 저자인 독일 환경사학자 요하힘 라트가우

Joachim Radkau는 의미심장한 화두를 던졌다. "환경을 주제로 다룬 책들은 이미 오래전부터 바다를 이룰 정도로 많다. 그럼에도 불구하고 역사적으로 접근한 문헌은 턱없이 부족하다. 개별적 사항에 치중한 책과 총괄적 입장을 다룬 책 사이에, 이론 모델과 저널리즘의 르포 사이에, 현재의 현실을 다룬 책과 앞으로 그려져야 할 이상을 다룬 책 사이에, 상당히 광활한 불모의 땅이 펼쳐진 셈이다."

비록 라트카우 교수는 이 광활한 불모지를 파고든 책을 집필하고 이를 출간한 의미를 역설한 것이지만, 난생처음 이 불모지에 발을 들여놓는 입장에서는 1천 쪽이 넘는 양장본이 무척 부담스러운 것이 사실이다. 그의 진지한 충고는 가슴에 새기더라도 말이다. "단 하나의 유일한 역사를 고집하는 것은 어떤 전망도 기대할 수 없게 하는 노릇이다"(요하힘 라트카우, 《생태의 시대》, 김희상 옮김, 열린책들, 2022, 14쪽).

이런 의미에서 환경의 세기와 더불어 저 광활한 불모의 땅에 과감하게 첫발을 내딛으려는 새로운 개척자들에게 도널드 휴즈 교수의 《환경사란 무엇인가》만큼 좋은 길라잡이 역할을 해 줄 안내서는 단연코 없다. 이 책의 일독을 강력 추천하는 이유이다.

마지막으로 이 자리를 빌려 조금 남다른 휴즈 교수와의 인연(?)을 소개하고자 한다. 이 책에도 간단하게 소개되어 있지만, 휴즈 교수는 2011년에 열린 영월연세포럼 참석차 한국을 방문했다. 그의 표현에 따르면, "2011년, 영월연세포럼의 일환으로 〈세계환경사연구〉 분과 섹션이 이현숙의 주도로 조직되었다. 한국·중국·독일·미국의 학자들이 다수 참석했는데, 의료사를 다룬 논문이 많았다."

그 당시 이현숙 교수는 환경사 섹션의 패널 구성 책임을 지고 있었는데, 환경사를 전공하는 서양 학자들을 선정하는 데에 어려움을 겪고 있었다. 정말 우연한 자리에서 만나 이야기를 듣던 역자는 당시《환경사란 무엇인가》의 번역을 진행하고 있던 중이라 선뜻 미국의 도널드 휴즈, 독일의 프랑크 우에쾨터Frank Uekötter, 오스트리아의 베레나 비니바르터Verena Winiwarter를 추천했다. 그 결과, 휴즈 교수가 한국을 직접 방문할 기회를 얻었다. 당시 휴즈 교수와의 만남을 통해 이현숙 교수가 2015년 우리나라 최초의 환경사학회인 한국생태환경사학회를 발족하게 된 것으로 이해한다. 이런 맥락에서 볼때, 도널드 휴즈 교수는 우리나라 최초의 환경사학회의 탄생에 직간접적으로 중요한 역할을 한 환경사학자라 해도 무리가 없지 않을까.

21세기 글로벌 환경운동의 아이콘 그레타 툰베리는 기후온난화 문제가 이미 환경재앙의 단계로 접어들었고, 2050년 전후로 위험한 임계점을 넘어갈 것이라고 경고했다. 세계가 지금 당장 화석연료의 사용을 멈추지 않는다면, 인류가 환경문제로 말미암아 최후의 종말을 맞을 것이라는 일종의 환경종말론인 셈이다. 툰베리의 환경운동에 동참한 전 세계 인구가 700만 명을 넘어선 지 이미 오래다. 지금 세계는 툰베리의 묵시록을 진지하게 받아들여 다양한 차원에서 논의 중이다. 우리도 환경문제의 심각성을 알리고 개선하려는 움직임이 활발하다.

바라건대, 도널드 휴즈 교수의 이 책이 툰베리의 경고를 귀담아듣는 반성적 계기가 되기를 간절히 바란다. 이런 의미에서 한국생태환경사학회의 비전은 다시 한 번 새겨들을 만한 가치가 있다. "'과거와 현재', 아니 '과거와 미래'의 대화를 진지하게 시도하기 위하여, 그리고 자연환경과 인간이 공존하며 '지속가능한 세상'을 만들어 가는 데 인문학과 역사학이 이바지해야 한다."

청덕동 물푸레 마을에서

최용찬

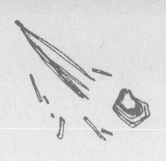
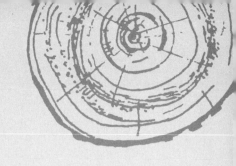

1장

환경사 개념

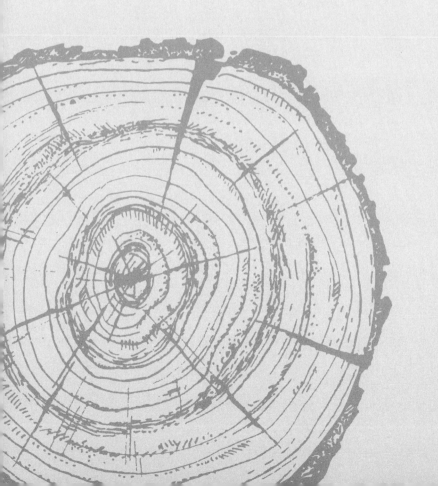

환경사Environmental history란, 인간과 자연의 상호관계를 시간을 따라 연구하는 학문이다. 전 세계 역사가들과 여러 학자들이 이 분야에서 활동하고 있다. 문헌은 점점 더 늘어 방대해졌고, 여러 학교와 대학들이 이 주제를 가르치고 있다. 현대 세계에 중대한 의미가 있는 환경사 쟁점들에 관심이 있는 모든 사람, 학생, 학자, 정부, 기업 정책결정권자와 일반 대중이 환경사의 청중이다.

그렇다면 환경사란 무엇인가? 환경사는 자연과 더불어 생활하고, 노동하며, 사고하는 인간을 시간의 변화를 통해 이해하려는 역사학의 한 장르이다. 인간 종은 자연의 일부이지만, 다른 종種에 비해 우리 인간은 땅과 바다, 대기, 그리고 지구에서 더불어 살아가는 생명체들의 생태 조건에 실로 엄청난 변화를 야기시켰다. 인간이 초래한 이러한 환경 변화는 거꾸로 인간 사회와 인류 역사에 영향을 끼쳤다. 그래서 환경사가들은 역사를 서술할 때, 인간 사회와 개인이 환경과 밀접한 관계를 맺고 서로를 변화시킨다는 피할 수 없는 사실을 인정해야 한다고 말한다.

미국의 대표적인 환경사가인 도널드 워스터Donald Worster는 환경사가 다른 역사학 장르에 이바지할 수 있는 점을 밝히면서, "환경사란 전통적인 역사학의 서사를 한층 더 풍부하게 만드는 수정주의자

그림 1 인도 히말라야의 강. 상류의 산림 파괴로 발생한 침식물 때문에 강이 거의 말라 버렸다. 1994년 저자 촬영.

들의 노력의 일부"라고 했다.[1] 그는 역사가들이 인간의 사건을 그것이 실제로 일어나는 맥락 안에서 바라봐야 한다고 했는데, 그 맥락이 바로 전체 자연환경이다. 미국의 환경사가 윌리엄 크로넌William Cronon이 말한 것처럼, 역사 서사는 "생태적 의미를 갖추어야"[2]만 한다. 인간 사건과 생태 과정 간의 상호작용은 인류의 기원 이래 오늘날까지 모든 시대에 작동 중이다.

20세기 후반 40년 동안 전 지구적 관심을 받았지만 현 세기에 와서야 비로소 그 중요성이 높아지고 있는 환경문제는, 인류가 일부 환경문제를 일으키고 그것에 대응하고 그 문제를 다루려고 시도하는 방식을 이해하는 데에 도움이 될 환경사의 필요성을 보여 준다. 환경사가 기여한 바는, 역사가들이 지구적인 변화를 초래하는 중요한 환경 쟁점들에 관심을 갖게 만든 것이다. 즉, 지구온난화와 기후 변화, 대기오염과 오존층 파괴, 숲과 화석연료를 비롯한 천연자원의 고갈, 핵무기 실험과 원전 사고로 인한 방사능 유출, 동식물 멸종과 생물다양성 위기, 원산지에서 멀리 떨어진 외래 기회종의 생태계 유입, 쓰레기처리와 도시의 환경문제, 하천과 해양오염, 야생의 상실과 인공적인 자연휴양림의 유실, 적대국의 자원과 환경을 파괴하는 무기와 병사들을 포괄하는 전쟁의 환경적 영향력이 그것이다. 이처럼 현대의 환경 위기를 부르는 다양한 변화의 심각성을 길게 제시했지만, 이 목록이 전부가 아니라는 게 불행이다.

이 많은 문제들이 최근에 와서야 발생한 것처럼 보일 수도 있다. 그러나 이 문제들은 20세기 내내 실로 엄청난 영향을 미쳤을 뿐만 아니라, 이 문제들 중 대부분이 이전의 역사 시기에도 중요한 선례가 있었다는 데에는 의심할 여지가 없다. 환경사가들은 현대의 환경문제들에 관심을 기울이면서, 고대 시기부터 지금까지 인류와 환경의 관계가 모든 역사를 구성하는 역할을 수행해 왔다는 것을 깨닫고 있다.

인류 사회는 자연계와 관련된 변화를 경험해 왔다. 그 변화는 시기에 따라 느리기도 하고 빠르기도 했다. 심지어 고립되었던 전통 사회조차도 자원 고갈, 인구 증감, 새로운 도구의 발명, 낯선 병균체의 출현과 같은 요인들이 야기한 불안 상태에 종종 직면했다. 이 급격한 변화가 재정리될 때를 가리켜 과학사가 캐롤린 머천트Carolyn Merchant가 사용한 "생태혁명"이라는 용어는 적절해 보인다.[3] 호세 파두아José Augusto Pádua는 "자연계가 인류 생활에서 차지하는 위치에 관한 우리의 이해에 나타난 인식상의 중요 변화"라는 또 다른 차원을 지적한다. 이 변화에는 ① 인간의 행동이 자연계에 상당한 영향을 미칠 수 있고, 심지어 자연계를 손상시키는 데까지 갈 수 있다는 생각, ② 우리가 세계를 이해할 때 활용하는 연대기적 이정표의 변혁, ③ 자연을 시간에 따라 구성과 재구성 과정을 겪는 하나의 역사로 바라보는 견해가 해당된다.[4]

환경사의 주제

환경사가들은 각자의 관심과 접근 방식, 역사방법론과 연구 주제 및 환경철학에 따라 다양한 집단으로 분류된다. 그들이 선택하는 주제는 크게 세 가지 범주로 나뉜다. ① 환경적 요소가 인류사에 미치는 영향, ② 인간 행위가 환경에 일으킨 변화와 그 환경 변화가 인간 사회의 변화 과정에 다시 영향을 미치는 방식, ③ 인류의 환경 인식 변화와 자연을 대하는 태도가 환경에 영향을 미치는 인간 행동을 추동하는 방식. 환경사 연구들은 이 세 주제 중 한두 가지를 강조하지만, 세 가지를 모두 아우르는 경우가 대부분이다.

워렌 딘Warren Dean과 스튜어트 슈바츠Stuart B. Schwartz의《도끼와

횃불: 브라질 대서양 섬의 파괴》[5]가 이 세 가지 주제를 모두 다룬 사례이다. 이 책은 여러 가지 측면에서 환경사 서술의 모델이라 할 만하다. 두 저자는 숲의 진화에서 이야기를 시작해서 그 변화가 그곳에 사는 사람들에게 미친 영향으로 넘어간다. 숲이 사라지고 농업과 공업이 그 자리를 차지하게 된 상황, 사람들이 숲을 대하는 태도, 유럽의 식민지배 전후 시기 원주민들의 숲 개발 …. 저자들이 다루는 인간 집단에는 플랜테이션 농장주, 과학자, 정치가, 산업가, 자연보호자 등이 포함된다. 책의 거의 모든 장이 세 주제를 아우른다.

이제 각각의 주제를 간단히 살펴보자. 첫 번째 주제는 환경 자체와 환경이 인간에게 미친 영향이다. 환경이란 토양과 광물자원, 담수와 해수를 비롯한 물, 대기와 기후 및 날씨, 미생물부터 고등생물에 이르는 모든 생명체, 태양에서 받은 에너지까지 이 모든 것을 포함한 지구 전체로 이해된다. 환경사를 연구할 때 이런 환경요소들과 이 요소들의 변화를 이해하는 것이 중요하지만, 환경사는 단순히 환경의 역사가 아니다. 인간이 관계하는 측면을 항상 포함해야 하기 때문이다. 지질학과 고생물학은 인간이 진화하기 이전 지구 행성의 장구한 연대를 연구하는 반면에, 환경사가들은 이 주제들이 인류의 삶에 영향을 끼친 경우에만 이를 서사 대상으로 삼는다. 즉, 비록 인간이 자연의 일부이고 생태계에 의존하며 스스로의 운명을 완전히 통제할 수 없는 존재임을 예리하게 인식하더라도, 환경사는 인간중심적 접근 방식을 피할 도리가 없다는 것이다. 그래서 환경사는 오히려 스스로를 자연과 독립되어 있고 자연을 지배하며 마음대로 할 수 있는 존재라고 믿는 인간의 오만을 바로잡는 교정 수단이 될 수 있다.

환경이 인류 역사에 미치는 영향이라는 주제에는 기후와 날씨, 해수면의 변화, 질병, 야생에서 발생하는 화재, 화산 활동, 홍수, 동식물의 분포와 이동 등 일반적으로는 인간이 주요 원인을 제공하지 않는 것으로 간주되는 변화들이 포함된다. 이 변화들이 끼친 영향을 연구할 때 환경사가들은 보통 과학자들의 보고서에 의존하여 배경 지식을 얻는다. 거꾸로, 지리학자 등 과학자들은 자신들의 연구가 갖는 함축적 의미를 논할 때 종종 환경사가가 된다.

재레드 다이아몬드Jared Diamond[6] 같은 과학자들은, 인류 문화의 발전을 가능하게 하고 심지어 발전 방향을 정하는 것이 일반적인 환경 조건, 즉 육지와 바다의 규모와 배열, 자원의 활용가능성, 가축용 동물과 재배용 식물의 존재 여부, 미생물과 병원균 합성물이라고 주장한다. 이처럼 인류 역사를 구성하는 환경의 역할을 강조하는 입장을 "환경결정주의"라 한다. 이 사상의 역사도 나름 길다.

질병이 인류 역사에서 한 역할이 환경 영향론의 한 가지 사례가 된다. 환경 상태로부터 다양한 질병이 발생한다는 생각은 적어도 고대 그리스 의학의 아버지인 히포크라테스 시대 때부터 내려온 것이다.[7] 인간의 활동이 때로 전염병의 확산을 가져왔다는 것은 사실이지만, 전염병이 창궐하면 감염에 노출되지 않는 사람들까지도 대거 확진되고 희생되는 경험을 통해 질병이 인간의 통제 바깥에서 작동하는 힘이라는 사실을 확인했다. 윌리엄 맥닐William H. McNeill의

《전염병과 사람들》은 이 주제를 폭넓게 조사한 책이다.[8]

환경사 분야의 명저 《콜럼버스의 교환》의 저자인 앨프리드 크로스비Alfred W. Crosby는 유럽인이 아메리카 정복에 성공할 수 있었던 주요인은 그들이 의식하지 못한 채 들여온 전염병이었다고 주장했다.[9] 유럽인들은 오랫동안 전염병에 노출되어 있었기 때문에 내성이 있었지만, 신세계의 원주민들에게는 치명적이었다는 것이다. 아메리카 원주민들의 떼죽음으로 유럽인들은 강한 저항은 피했지만 노동력 부족 현상을 겪었다. 그래서 아프리카 사람들을 노예로 수입하여 노동력 부족분을 메웠다. 유럽인과 마찬가지로 아프리카 사람들도 구세계의 질병에 어느 정도 내성이 있었기 때문이다. 이 주제에 대한 연구 중에서는 존 아일리프John Ilifee의 아프리카 에이즈 연구와 존 맥닐John R. McNeill의 신세계 모기 매개 질병 연구가 있다.[10]

다음으로, 환경사가 다루는 두 번째 주제는 인류가 자연환경의 변화에 미친 영향과 그 환경 변화가 다시 인간 사회와 인류 역사에 미친 영향이다. 환경사 분야에는 이 주제에 관한 연구가 압도적으로 많다. 사냥, 채집, 낚시, 유목, 농사 같은 인간의 생존 활동 대부분이 이 연구 범주에 들어간다. 마을에서부터 대도시까지 인간의 정착에 필요한 복잡한 조직을 창조하는 활동도 이 범주에 포함된다. 구체적으로는 물관리, 임업, 광산업, 야금술 등 기본 자원 조달 활동이다. 전쟁을 비롯한 인간 활동에 가장 큰 영향을 미치는 기술과 산업은 여러 세기를 거치며 한층 더 정교해졌고, 더욱더 많은 인적 에너지를 빨아들였다. 기술과 산업이 발달할수록 인간에게는 더 많은 화석연료 에너지가 필요해졌고, 이 에너지는 강력한 결과를 초래한 기계들을 만든 1750년 이후 산업혁명의 밑거름이 되었다.

인간의 관점에서 보았을 때, 이 모든 것이 여러 방식으로 자연환경에 부정적 혹은 긍정적 영향을 끼쳤다. 이로써 인간은 자연환경을 더 잘 이용할 수 있게 되었지만, 이 모든 것은 산림 파괴와 멸종, 사막화, 염류, 오염에 따른 부식, 생물다양성 감소 같은 자연환경의 부정적인 변화를 초래했다. 최근 몇 십 년 동안에는 방사능 유출, 산성비, 대기 중 이산화탄소와 메탄 및 다른 온실가스 농도 증가로 인한 지구온난화 등 해로운 변화들이 새롭게 추가되었다. 일부 환경사가들은 오염 방지와 천연자원 보존을 통해 인간 사회가 긍정적 변화를 촉진하고 부정적 변화를 제한하려고 애쓰는 방법들에 대해 서술한다. 국립공원, 야생동물 서식지 등과 같은 지정 구역 보존과 멸종위기종의 보호가 이에 해당한다. 다른 환경사가들은 환경과 관련된 정치적 의사결정 과정을 추적하여 환경운동과 이를 반대하는 세력 사이의 충돌을 서술하기도 한다.

환경사 연구는 환경에 영향을 미친 인간의 활동 분야에 관심을 기울이는데, 여기서 그 대부분을 다룰 것이다. 도시의 역사, 기술의 역사, 농업의 역사, 산림의 역사 등 이러한 유형의 인간 활동을 연구하는 역사학 분야는 다양하고, 이 분야들이 환경사와 같은 관심 혹은 질문을 공유하고 있다는 점에 주목해야 한다. 예컨대, 1996년부터 미국의 산림역사학회Forest History Society와 미국환경사학회American Society for Environmental History가 《환경사》라는 학회지를 공동 출간할

그림 2 땔감 나무를 옮기는 여인들과 아이들. 모잠비크 고롱고자 지역의 칸다 마을. 사람들이 환경 시스템에 의존하는 여러 방법 중 한 가지를 보여 준다. 2012년 도밍고스 무알라Domingos Muala 촬영.

만큼 산림사와 환경사는 접근 방식을 공유하고 있다.

인류가 자연에 미친 영향과 그 영향이 다시 인간에게 초래한 영향이라는 두 번째 주제를 강조하는 연구는 그 수도 많고 뛰어난 연구도 많아서 한두 가지만 선정하기란 어렵다. 다만, 인간이 환경에 미친 영향을 다룬 다음 세 가지 연구서는 기억할 만하다. 로버트 막스Robert B. Marks의 《호랑이, 쌀, 비단, 미사微砂》는 점증하는 인구 수요에 맞춘 제국정책의 일환으로 추진된 벼농사의 확대와 비단 수출 마케팅의 변화가 중국 남부 지역의 경관을 어떻게 바꾸었는지를 보여 준다.[11]

존 오피John Opie는 대평원의 대수층帶水層을 다룬 책《오갈라라: 메마른 땅을 위한 물》에서 어떻게 미국 서부의 물수요가 거대한 고지대 평원의 화석 지하수를 완전히 고갈시켰는지를 보여 준다.[12] 맥닐의《해 아래 새로운 것》은 20세기 인간이 땅과 대기, 생물권에 전례없는 결과를 초래했는지를 추적한 뒤, 이 변화의 동력은 인구 증가와 도시화, 기술, 인간의 노력을 추동한 사고와 정치였다고 지적한다.[13]

환경사의 세 번째 주제는 자연환경에 대한 인간의 생각과 태도이다. 자연 연구와 생태학뿐만 아니라, 종교, 철학, 정치적 이데올로기, 대중문화와 같은 사고방식이 인간이 자연의 다양한 면모를 다루는데에 영향을 미친 방식이 포함된다. 사실 이러한 사회지성사적 측면에 관심을 두지 않고 지구와 생태계에 일어나는 일을 이해하기란 불가능하다. 도널드 워스터가 말했듯이, 이러한 측면이야말로 "인식, 윤리, 법률, 신화 및 기타 다른 의미 구조가 개인 또는 집단이 자연과 나누는 대화의 일부가 되는"[14] 인간 특유의 만남으로 이끌었다.

로드릭 내쉬Roderick Nash의《야생과 미국인의 정서》는 인간이 환경을 대하는 태도를 다룬 명저이다.[15] 그의 책은 1967년 처음 출판된 이래 미국에서 환경 연구 수업의 교재로 사용되었고, 2014년 공동저자인 차르 밀러Char Miller가 다섯 번째 개정판을 출간했다. 내쉬는 유럽에서 기원한 뿌리부터 20세기까지를 개괄하며, 유럽계 미국인들이 자연을 대하는 긍정적·부정적 태도 변화와 그것이 북미 야생지역의 보존과(또는) 개발에 미친 영향을 논한다. 그러나 그는 유럽계 미국인들이 아메리카 원주민들을 어떻게 보았는지는 다루면서도, 원주민들의 자연관은 검토하지 않았다. 나는《북미 인디언의 생태학》에서, 셰퍼드 크레흐Shepard Krech는《생태적 인디언》에서 서로 정반대의 입장에서 아메리카 원주민들의 환경관을 탐구했다.[16]

그레고리 스미더스Gregory D. Smithers는 사려 깊은 논문에서 "생태적 인디언"의 전형성을 넘어 "아메리카 원주민들의 환경 지식 및 사회 관습에 대한 한층 의미 있는 참여"를 시도한다.[17] 피터 코츠Peter Coates는《자연: 고대 이후 서구의 태도》에서 자연에 대한 문화적 태도의 변화를 역사적으로 추적한다.[18]

많은 환경사가들은 사람들의 생각과 신념이 자연 세계를 대하는 그들의 행동 방식을 결정짓는 동력으로 작용한다고 주장한다. 그리고 많은 이들이 지적하듯, 사람들은 타의든 자의든 상관없이 자신의 필요와 욕망에 따라 노련하게 태도를 바꾼다. 이는 환경 분야에도 그대로 적용된다.

여러 학문 분과 사이에서

존 맥닐이 간명하게 규정한 것처럼, 환경사는 "간[間]학문적 지식 추구 분야"이다.[19] 환경사가들은 인문학과 과학 사이에 있어서 좀처럼 연결되지 못하는 가공할 만한 틈새와 같은 통상의 주제 범위를 교차하는 주제들에 관심을 가지고, 폭넓은 특정 분야들로부터 정보를 모으며, 역사가들이 무시하거나 기피하는 책들을 곧잘 읽는다. 다른 한편으로는, 다양한 분야의 학자들이 환경사에 꽂혀 환경사 관련 책을 집필하는 사례도 종종 있다. 실제로 환경사는 역사가들의 전유물이 아니다. 다른 역사적 주제와 달리, 환경사 책은 지질학이나 철학, 인류학, 생물학 같은 타 학문 분과 연구자들이 집필하는 경우가 많다. 다음 절에서는 사회과학, 인문학, 생태계를 비롯한 자연과학과 환경사의 관계를 살펴볼 것이다.

다른 사회과학과의 관계

역사학은 때로 사회과학의 분과 학문으로 분류된다. 역사학의 하위 분과인 환경사도 그렇게 간주될 수 있다. 환경사는 인간 사회가 시대에 따라 자연 세계와 어떤 관계를 맺었는지를 연구하는 학문이기 때문이다. 도널드 워스터 역시 그의 수준 높은 논문 〈환경사 연구하기〉에서 환경사를 역사학 분야의 혁신적인 운동으로 규정하면서도, 그가 환경사의 중심 주제로 파악한 세 가지 "쟁점 클러스터"는 제각각 "외부 학문 분과 영역"[20]에서 끌어온다. 오스트레일리아의 역사지리학자 파월J. M. Powell은 환경사가 역사학의 하위 분과가 아니라 간학문적 방법론이라고 논박한다.[21] 역사학 전공자와 정체성이 거의 동일한 환경사가들이 타 학문 분과에 뿌리를 둔 학자들이 제출한 가치 있는 환경사 연구(비율상 결코 낮지 않은)의 성과와 그 노력을 기꺼이 인정한다는 점에서, 파월의 주장에는 실제적인 근거가 있다.

윌리엄 그린William A. Green은 세계 공동체 내에서 인간의 상호교류와, 지구상 다른 생명체와의 상호의존성을 역사학적 접근보다 더 통찰력 있게 고찰하는 방식은 없다고 보았다.[22] 그는 환경사가 전통적인 경제·사회·정치 유형의 역사 분석을 보충한다고 했다.

이는 아마도 환경사라는 학문 자체가 지닌 간학문적 속성 때문인지도 모른다. 왜냐하면 환경사 연구는 생태학을 비롯한 다른 과학 분야, 과학과 기술의 역사, 지질학과 타 사회과학 분야, 인문학과의 인접성을 요구하기 때문이다. 역사학에는 환경사와 밀접하게 연관된 분야가 많기 때문에 분명한 경계선을 긋기가 쉽지 않다. 더 나아가 스티븐 도버스Stephen Dovers의 발언처럼, "역사지리학과 환경사의 경계를 구분하기란 어렵다."[23]

환경사와 역사지리학이 경계구역을 공유하고 있음을 발견한 것은 역사지리학자들도 마찬가지다. 그 구역은 훌륭한 환경 역사를 서술하고자 그들이 무탈하게 넘나들던 경계구역이었다. 그중 대표적인 역사지리학자라 할 이안 고든 시몬스Ian Gordon Simmons는 《지표면의 변화》[24]에서 환경 변화의 변화율, 예측의 문제점, 정치적 의사결정과 실행에 영향을 미치는 쟁점을 다루는 분야를 간결하고 능숙하게 살핀다. 또한, 그의 《환경사》[25]는 역사 연구의 과학적 토대를 강조한 수준 높은 입문서이다. 앤드류 구디Andrew Goudie의 《인간이 자연환경에 미친 영향》은 7판까지 인쇄되었다.[26]

1980년, 라일리 던랩Riley E. Dunlap이 편집한 논문집에서 사회과학 분야에 처음으로 생태학적 패러다임이 도입되었다. 던랩은 이 책에서 기존 사회과학이 인간 사회가 생물물리학적 환경에 의존하여 생존한다는 사실을 거의 무시했고, 모든 생물을 지배하는 생태계 법칙에서 인간만을 예외로 두었다는 점을 지적했다.[27] 이러한 실수를 바로잡고자 그를 비롯한 여러 학자들은 생태학적 모델을 각자 속한 분과학문에, 윌리엄 캐턴William Catton, Jr.과 던랩은 사회학에, 존 로드맨John Rodman은 정치학에, 허먼 달리Herman Daly는 경제학에, 도널드 하디스티Donald Hardesty는 인류학에 적용했다.[28] 여기에 역사학을 대표하는 학자는 없었지만, 윌리엄 맥닐과 앨프리드 크로스비[29]를 필두로 생태적 패러다임이 인간의 과거와 현재에 대한 우리의 이해를 어떻게 바꿀 것인지를 고민하는 역사가들이 점점 많아지고 있다.

한 마디로, 발전한 형태의 환경사 서사는 자연환경 변화와 관련된 인간 사회의 변화를 이야기하는 것이어야 한다. 이처럼 환경사의 접근 방식은 인류학, 사회학, 정치학, 경제학 등 다른 사회과학 방식에 가깝다. 앨프리드 크로스비의 《콜럼버스의 교환》이 좋은 예이다.[30] 이 책은 유럽인들의 아메리카 정복이 군사적·정치적·종교적 과정이었을 뿐만 아니라, 유럽 재래종과 쥐 같은 기회종을 포함한 유럽 생물들의 침략 과정이기도 했다는 것을 보여 준다. 재배된 식물이든 잡초이든 상관없이, 유럽의 식물들이 아메리카의 재래 식물들을 덮치거나 대체해 버렸고, 유럽의 미생물이 원주민들에게 끼친 영향은 전쟁보다 더 파괴적이었다.

환경사의 핵심은, 환경정책의 정치적 표현에 관한 연구이다. 많은 국가들은 이를 환경법이나 환경부 같은 행정 부처, 환경보호 집행 업무를 위임받은 정부 부처를 통해 구현해 왔다. 환경 분야의 법률 제정을 둘러싼 환경단체와 이익집단 사이의 다툼도 이 연구에 포함된다. 미국의 정치구조와 정책 결과를 분석한 새뮤얼 헤이즈

Samuel P. Hays의 《1945년 이후 환경정치의 역사》가 이 분야의 연구이다.[31] 올리버 후크Oliver A. Houck는 세계의 환경법과 관련한 8개의 사례연구를 선별하여 《에덴의 복구》[32]에 실었다. 전 지구적인 환경정치에 관한 연구사는 《국제연구백과사전》에 실린 디미트리스 스테비스Dimitris Stevis의 글이 유익하다.[33]

환경사는 경제학과도 밀접한 관련이 있다. 경제학economics이라는 단어의 접두사인 "eco"는 생태학ecology의 접두사 "eco"와 같은 어근에서 나왔다. 그리스어로 "가정"을 뜻하는 oikos에서 연원한 이 단어는, 정착한 세계에서 일어나는 예산이나 가계 등의 가정 경영을 함의한다. 인간이 원하든 원하지 않든, 인식하든 인식하지 못하든, 경제·무역·국제정치는 경제학 용어로 '천연자원'이라 불리는 것의 이용가능성, 분포 지역, 매장량에 규제를 받는다. 생태경제학 분야도 환경사와 대략 같은 시기에 인정을 받았고, 거의 평행한 궤적을 밟고 있다.[34]

다른 인문학 분야와의 관계

역사학 자체가 그렇듯이, 환경사도 마찬가지로 인문학적이다. 환경사가들은 사람들이 자연환경에 대해 무슨 생각을 하는지, 그리고 문학과 예술에 그들의 자연관을 어떻게 표현해 왔는지에 관심을 둔다. 즉, 이런 내용을 담은 환경사는 지성사의 하위 분야일 수 있다. 만일 환경사 연구가 철학보다는 역사학으로 남고자 한다면, 자연현상에 대한 인간의 태도와 관념이 어떻게 인간의 행동에 영향을 미쳤는지에 대한 의문에서 너무 멀리 벗어나선 안 된다. 그러나 개인과 사회가 가졌던 중요한 관점들을 설정하는 것도 매우 중요한 환경사적 도전이다.

클래런스 글랙켄Clarence Glacken의 《로도스 해변의 흔적》[35]은 이 분야의 첫 번째 성과로 꼽히는 책인데, 고대부터 18세기에 이르는 서양문학에 나오는 환경에 대한 주요 생각을 세 가지로 정리했다. 우주가 디자인된 것이라는 생각, 환경이 인류를 만든다는 생각, 인간이 그들이 사는 환경을 좋게든 나쁘게든 바꾼다는 생각이 그것이다.

그중에서도 다양한 종교와 문화적 전통이 환경에 영향을 미치는 행위를 장려하거나 금지하는 데에 어떤 역할을 수행했는지는 많은 연구의 논평 주제였다. 주목할 만한 논쟁적인 사례가 화이트Lynn White의 논문 〈우리 생태 위기의 역사적 근원〉[36]이다. 이 논문은 중세 라틴 기독교가 인간을 자연보다 높은 존재로 여겨 서양의 과학, 기술, 환경파괴의 길을 예비했다고 지적했다. 화이트는 아시시의 프란체스코가 보여 준 한층 더 생태친화적인 기독교 사례를 탐구하여, "유기체이든 무기체이든, 신이 만든 모든 창조물의 민주주의"를 주장했다.[37]

길버트 라프레니에르Gilbert LaFreniere는 《자연의 몰락》에서 서구의 자연과 문화 사상을 오늘날의 환경사 인식에 비추어 고찰한 방대한 작업을 선보였다.[38]

다른 자연과학과의 관계

환경의 변화는 몇 십 년, 혹은 몇 백 년에 걸친 기후변화의 결과라는 주장이 빈번하게 제기된다. 그런데 환경 변화가 연구 대상이 된 것은 불과 한두 세대 전부터이다. 예컨대, 프랑스의 에마뉘엘 르 루아 라뒤리Emmanuel Le Roy Ladurie가 저술한 《축제의 시대, 기근의 시대: 1000년 이후 기후의 역사》[39]를 보면, 신뢰할 만한 기후 관측 기록은 200~300년 이상을 넘지 못하고 관측 지역도 그리 넓지 않다. 그러나 역사적으로는 온대지방의 나이테부터 남극과 그린란드의 빙원에 쌓인 눈더미에서 뽑아낸 공기에 이르기까지 기후 관련 자료가 다양하다.

휴버트 램Hubert H. Lamb과 영국에 위치한 그의 기후연구소는 기후 연구 분야의 개척자이다.[40] 크리스티안 피스터Christian Pfister와 스위스 및 서유럽의 동료들은 중세 시대부터 유럽의 기후가 어떻게 전개되었는지 그 역사적 단서를 찾고자 문헌 자료를 샅샅이 뒤졌다.[41] 스펜서 위어트Spencer R. Weart의 《지구온난화의 발견》은 기후변화 이론과 그 발견에 대한 역사적인 설명을 보여 준다.[42] 리처드 그로브 Richard Grove와 존 채펠John Chappell을 필두로 한 학자들은 엘니뇨라고 불리는 태평양 온난화 현상ENSO이 멀리 떨어져 있는 사람들의 행동에 어떤 영향을 미치는지, 그리고 여러 역사적 사건들에서 어떤 역할을 했는지에 대한 활발한 추론을 제기하고 있다.[43] 환경사가들은 기후변화가 환경에 미친 영향과 인간이 미친 영향을 구분해야 한다고 생각한다. 로마시대 이래로 북아프리카에서 발생한 삼림파괴와 사막화는 건조해진 기후 때문이었나, 아니면 원주민들의 벌목과 하천 개발 및 염소 방목 때문이었나?[44] 기후변화에 대한 정보가 한층 다양해지고 풍부해지면서 이러한 질문에 대한 균형 잡힌 답이 나올 가능성도 커졌다.

환경사는 많은 부분이 인간종의 역사에서 생태과학이 갖는 함축적 의미를 인정하는 데에서 비롯되었다. 과학과 인문학, 이 두 영역의 틈새를 넘나들며 감흥을 불러일으킨 선구자는 폴 시어스Paul B. Sears다. 그는 1964년 도발적인 제목의 논문 〈생태학–전복적 주제〉[45]를 출간했다. 이 논문에서 그가 지적하기를,

생태학적 연구에서 비롯된 자연관은 서구 사회가 폭넓게 수용한 문화적·경제적 기본 전제들에 의문을 제기했다. 그중 대표적인 전제는 특히 발전된 기술문화를 가진 인류 문명이 자연의 한계 또는 '법칙' 너머에 혹은 바깥에 있다는 것이다.[46]

생태학은 인간종의 자리를 식량, 물, 미네랄, 공기 순환 및 다른 동식물과의 끊임없는 상호작용에 의존하는 생명의 그물망 안에 위치시켰다. 시어스는 생태학을 '전복적인 과학'이라고 불렀다. 이 생태학은 20세기에 와서 기존의 세계사 관점을 확실하게 뒤집어 놓았다. 논란이 된 수식어를 채택한 폴 셰퍼드Paul Shepard와 다니엘 맥킨리Daniel McKinley는 1969년에《전복적인 과학The Subversive Science》[47]이라는 논문집을 출간했다. 이 논문집은 다양한 분과학문에서 나온

37편의 논문을 실었는데, 그중 두 편이 시어스의 논문이다. 셰퍼드는 인간 정복자 패러다임을 비판하며, "오직 인간만이 운명, 결정론, 환경 통제, 본능과 같이 다른 생물들을 '가두는' 메커니즘에서 벗어날 수 있는 존재"라는 믿음의 부조리함을 강조했다. "심지어 줄리언 헉슬리Julian Huxley 같은 생물학자들마저 세계의 목적은 사람을 만드는 것이며, 사람은 사회적 진화를 통해 생물적 진화로부터 영원히 벗어나게 되었다고 말했다"[48]는 사실에 놀라움을 금치 못했다. 그러나 환경사가들조차 생태학, 특히 군집생태학의 함의를 완전히 파악하지는 못했다.

그 함의들 중 하나는 인간종 역시 생명 공동체의 일부라는 점이다. 인간은 이 공동체 안에서 서로 경쟁하고, 협력하며, 모방하고, 이용하고, 이용당하면서 진화해 왔다. 인류의 지속적 생존은 이 생명 공동체의 존속 여부에 달려 있고, 인간이 이 공동체 안에서 지속 가능한 위치를 점할 수 있는지의 여부에 달려 있다. 우리 인간종이 생물 공동체 안에서 수행하는 역할의 변화에 관한 기록을 조사하는 것이 역사학의 과제이다. 그 역할은 성공적일 수도 있고, 파괴적일 수도 있다.

20세기의 대표적인 생태학자 빅터 쉘포드Victor Shelford가 주장하기를,

"생태학은 공동체의 과학이다. 단일종과 환경의 관계에 대한 연구는 공동체에 대한 아무런 참고 없이 구상되었다. 그 결과, 이 연구는

서식지의 자연현상과 무관해져 버렸고, 공동체의 조연들이 생태학 분야에 적절히 포함되지 않게 되었다."[49]

인간종을 연구하는 환경사 분야에도 이와 유사한 주장이 제기될 수 있다. 생태계는 인류의 사건 양식에 매우 큰 영향을 미쳤고, 반대로 인간종의 활동은 오늘날의 모습을 상당 부분 만들었다. 즉, 인간과 나머지 생명 공동체가 인간의 탄생에서 끝나지 않고 지금까지 계속되어 온 공진화共進化 과정에 관여해 왔다는 의미다. 따라서 역사 서술은 이 과정의 중요성과 복합성을 무시해서는 안 된다.

이 대목에서 모든 인간 사회는 언제나 어느 곳에서나 생물 공동체 내에서 생물 공동체에 의존하여 존재해 왔다는 점을 다시 한 번 강조할 필요가 있다. 이는 대도시뿐만 아니라 조그만 농촌과 수렵 부족에도 적용된다. 생명의 연결성은 사실이다. 인간은 절대로 다른 생물들로부터 고립되어 홀로 존재할 수 없다. 인간은 인간의 생존을 가능케 하는 복잡하고 내밀한 결사체의 일부에 불과하기 때문이다.

환경사의 과제는, 인간이 속한 자연 공동체와 인간이 맺은 관계에 대해 연구하는 것이다. 이 관계는 시간의 흐름과 빈번하게 일어나는 예상치 못한 변화들에 따라 달라지기 마련이다. 환경은 인간과 분리되어 존재하고, 기껏해야 인류 역사의 배경일 뿐이라는 생각은 잘못된 것이다. 인간이 속해 있는 공동체와 인간이 맺은 연결성은 역사 연구의 필수적인 요소이다. 알도 레오폴드Aldo Leopold가 썼듯이,

"현대〔생태학적 사고〕의 이례성은 생태학이란 상대방의 존재를 거의 모르는 것처럼 보이는 두 집단의 창조물이라는 점이다. 한쪽 집단은 인간 공동체를 마치 분리된 독립체인 양 연구한다. 이 집단은 자신들의 연구 결과물을 사회학 · 경제학 · 역사학이라고 부른다. 다른 한쪽 집단은 동식물 공동체 연구에서 정치의 집합체를 간편하게 "자유교양" 으로 좌천시켜 버린다. 이 두 가지 노선을 결합할 수밖에 없는 융합적 사고가 아마도 현 세기의 두드러진 발전을 이룩하게 될 것이다."[50]

환경사는 이 융합의 적극적인 부분에 해당한다.

환경사와 낡은 역사학

20세기 초 이전에 역사 저술가들은 인간 사회 내에서의 권력 행사와 인간 사회 내부 및 사이에서 벌이는 권력투쟁을 역사학의 적절한 주제로 여겼다. 그리하여 전쟁과 지도자들의 공적이 역사 서사의 대부분을 차지했다. 서구 최초의 위대한 두 역사 저술가, 그리스의 헤로도토스와 투키디데스가 모두 전쟁을 주제로 선택했다는 점은 의미심장하다. 마르크스주의 역사가들이 역사의 관심을 사회의 노동을 담당하는 프롤레타리아트와 노동자 · 농민에게로 돌려 놓으면서 서사가 정치에 경제학을 보탠 것이 되었지만, 그것은 여전히 사회의 권력투쟁 이야기였을 뿐이다. 낡은 역사학이 자연과 환경의 존재를 인식하고선 그것을 소품이나 배경으로 여겼다면, 환경사는 자연과 환경을 역사를 구성하는 적극적인 힘으로 다룬다.

더 최근의 역사가들은 여태껏 역사 속에서 권력을 갖지 못했던 사람들에 대한 불분명한 기록으로 관심을 돌렸다. 이 주제는 여성의 역사에서 인종적·종교적·성적 소수자의 역사, 그리고 아동의 역사에까지 이른다. 환경사를 이러한 흐름의 일부로 바라보는 것은 매혹적인 추정이다. 힘의 피라미드상 맹수와 나무, 지구 그 자체는 구조를 지탱하는 가장 낮은 석단층에 해당한다. 이제 역사가들은 목소리도 힘도 없는 존재로 여겨졌던 사람들이 사실은 역사 드라마의 실제 주인공임을 실증하고, 그들을 더 큰 서사 안에 포함시킬 수 있게 된 것이다. 윤리적 확장을 통해 이민자, 여성, 과거의 노예에게도 역할권이 부여되고, 최근에는 나무에도 권리가 있는지 논의되면서,[51] 이러한 역사적 확장 끝에 이제는 다른 생명체와 구성인자에게까지 서사적 관심이 부여되고 있다. 앞으로 살펴보겠지만, 이러한 다른 형태의 역사가 사회적·정치적 운동의 성장에서 비롯된 것처럼, 환경사의 뿌리 역시 자연보호자들과 그들이 벌인 환경운동의 성과와 긴밀하게 얽혀 있다.

환경사는 정치적·군사적 힘의 현실과, 그 힘이 행사될 때 명분상의 이익이 달려 있는 민족적·경제적·인종적 집단도 무시할 수 없다. 2005년 미국환경사학회에서 학회장이었던 더글러스 바이너Douglas Weiner가 말했듯이, "모든 '환경적' 투쟁은 근본적으로 이해당사자들의 권력투쟁이다."[52] 이는 요아힘 라트카우Joachim Radkau가

《자연과 권력: 지구의 환경사》에서 다룬 주제이기도 하다.[53] 바이너는 합리적인 환경개선 프로그램은 경관을 통제하고 있는 한 집단을 포섭하지만, 다른 집단들은 배제되고 제거되거나 착취당한다고 지적했다. 스탈린은 중앙아시아의 "처녀지"를 밀 재배지로 만든다며 카자흐 유목민을 제거했다. 19세기 말 영국 제국주의자들은 거의 자급자족하고 있던 인도를 착취와 기아의 땅으로 만들었다.[54] 미국 행정부는 국립공원을 만든다며 아메리카 원주민을 무력으로 추방했다.[55] 이는 멕시코가 국립공원을 만들면서 현지 주민들의 거주와 필요를 인정한 사례와 비교된다.[56]

그러나 환경사를 단순히 역사학의 학문적 발전 과정의 일부로 보는 것은 심각한 오류이다. 자연은 무력하지 않으며, 오히려 모든 힘의 근원이라는 게 적절한 표현이다. 자연은 인간의 경제에 순순히 맞춰지는 존재가 아니라, 인간의 모든 노력을 아우르는 경제인 것이다. 만일 자연이 없다면 인간의 노력도 무력해질 것이다. 자연환경을 고려하지 못하는 역사는 부분적이고 불완전하다. 환경사는 역사가들의 전통적인 관심사인 전쟁, 외교, 정치, 법, 경제, 기술, 과학, 철학, 예술, 문학에도 토대와 시각을 보탤 수 있다. 또한, 환경사는 이러한 관심사와 물리적 생태계의 근원적인 과정 간의 관계를 드러내어 준다.

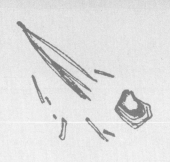

2장

환경사의 선구자들

과거 인간이 자연환경과 맺은 관계를 의식적으로 탐구하는 것, 즉 역사학의 분과학문으로서의 환경사는 20세기 후반에 시작된 비교적 최신의 학문적 노력이다. 그러나 현대의 환경사가들이 제기하는 질문의 상당수는 고대 그리스와 중국의 학자들도 관심을 보일 만큼 아주 오래된 것으로 여러 세기를 거쳐 오늘날까지 전해지고 있다. 환경사의 주제는 초기의 사상들에서도 확인할 수 있다. 환경요인이 인간 사회에 미친 영향, 인간 활동이 야기한 자연환경 변화, 그 변화가 인류 역사에 끼친 영향, 자연 세계와 자연의 작용에 대한 인간 사상의 역사가 그것이다.

고대 세계

저작이 남아 있는 최초의 그리스 역사가 헤로도토스는 인간의 노력으로 자연환경에 일어난 수많은 변화들을 기록했고, 그러한 변화가 가져온 부정적인 결과를 보고했다. 그는 다리나 운하와 같은 대규모 공사가 신의 징계를 받을지도 모를 인간의 과도한 자신감을 과시한다고 믿었다. 크니도스인이 도시의 방어력을 높이고자 도시와 본

토를 연결하는 지협 지대에 운하를 파기 시작했을 때, 일꾼들이 날아오는 바위 조각을 맞아 심각한 부상을 입었다고 헤로도토스는 기록했다. 도대체 왜 이런 일이 일어나는지 의아해진 그들이 델포이 사원에 사람을 보내어 신탁을 구하자, 평소의 수수께끼 같은 대답이 아니라 직접적인 답이 내려졌다. "지협을 막지 말고, 파지 말라. 제우스가 섬을 원했다면, 섬을 만들었을 것이다."[1] 도구를 내려놓고 작업을 중단하라는 명령이 지체 없이 포고되었다.

페르시아 왕이 헬레스폰트 해협에 선교船橋(후에 파도에 부서졌다)를 지으려고 아토스 반도에 운하를 팠을 때, 왕의 군대가 강을 마르게 하고 숲에 불을 지르는 등 자연의 질서를 파괴했을 때, 재앙이 닥쳐 왕이 전염병에 걸렸다. 스파르타의 클레오메네스가 5천 명의 아르고스 병사들을 태워 죽이려고 성스러운 숲에 불을 지른 이후, 클레오메네스가 (피신처에 있는 사람들을 죽였을 뿐만 아니라 신의 숲을 파괴했기 때문에) 신의 징계가 두려운 나머지 미쳐서 자해했다고 헤로도토스는 보고한다.[2]

그리스 최고의 역사가인 투키디데스는 환경이 역사에 미친 영향을 주장했다. 그는 아테네 주위의 아티카 지구가 토양층이 얇고 건조하고 상대적으로 생산성이 낮다는 점 때문에 잠재적인 침략자들의 관심을 끌지 못해, 결과적으로 전쟁을 피하고 인구 감소를 막을 수 있었다고 주장했다. 바로 이런 상대적 안전함이 이곳을 전쟁 난민의 피난처로 만들었고, 이 지역의 식량 생산이 감당할 수 없을 만큼의 인구 증가를 가져왔다. 결국 아테네 지도자들은 에게해와 지중해

연안 식민지로 거주민들을 이주시켜 인구 압력을 완화시켰다.[3]

투키디데스는 또한 전쟁 중이던 그리스의 도시들이 선박과 여러 군사적 용도로 사용할 목재와 같은 천연자연들을 필요로 했다는 점을 계속 언급한다. 스파르타인들이 아테네 북쪽 지역인 암피폴리스를 정복했을 때, "아테네인들이 굉장히 불안해했다. … 그 주된 이유는 그 도시가 선박 제조용 목재를 조달하기에 유용한 곳이었기 때문이다."[4] 아테네 장군 데모스테네스가 풍부한 목재를 얻고자 필로스를 점령하자, 스파르타 선원들이 반격에 나섰으나 암석 해안에 상륙

하는 것을 망설였다. 선박에 실려 있던 목재 때문이었다. 목재를 얻는 방법은 숲을 정복하는 것이었다. 함선에서 내린 아테네 사령관 알키비아데스는 스파르타인들에게 자신들이 시칠리아 침략 함선을 띠운 목적이 바로 목재에 있음을 밝혔다.[5]

의학의 아버지 히포크라테스는 언급할 만한 가치가 있는 환경결정론을 발전시켰다. 그는 《공기, 물, 장소》에서 어떤 장소에 살고 있는 사람의 건강과 기질 및 에너지는 채광성, 우세풍, 기후, 공급 수질 상태에 따라 결정된다고 주장했다. 그는 유럽과 아시아의 차이, 그리스 사람들에게 알려진 사람들의 문화적 특색과 질병 취약성을 논하면서, 이 특성을 그 사람들이 살았던 고국의 다양한 환경 요인과 연관시켰다.

플라톤은 《공화국》과 《법》을 통해 이상국가가 환경문제를 해결하는 방법을 제시했다. 또한, 크리티아스의 아티카산에서 벌어진 역사적인 산림파괴를 관찰하고 고고학적 증거를 제시했다. 즉, 지금도 멋진 자태를 자랑하는 이곳의 거대한 건물 지붕 대들보는 산에서 벌목해 온 것이다. 이제 그곳에는 고작 '꿀벌의 음식'(꽃피는 식물과 덤불)밖에 남지 않았다.[6] 예전의 숲은 비를 저장하고 방출하면서 많은 샘을 만들어 냈는데, 플라톤이 살던 시대에 모두 말라 버렸다. 샘들이 있던 곳에 남은 사원들이 이를 입증해 준다. 산림파괴가 있었던 동일한 시기에 대대적인 침식이 일어나 비옥하고 부드러운 토양이 사라지고 암석 덩어리만 남았다. 플라톤은 이를 질병으로 쇠약해진 사람의 골격에 비유했다.

그림 4 "돌무더기 땅." 그리스 아테네 근처 히메토스산의 경사지. 플라톤은 자신이 알고 있는 사실을 묘사한 것이다. 이곳의 산림은 고대에 파괴되었다. 오늘날의 육림 프로젝트도 부분적인 성공에 그쳤다. 2011년 저자 촬영.

플라톤과 비교하기에 적당한 동양의 인물은 중국의 철학자 맹자이다. 마찬가지로 기원전 4세기에 살았던 맹자도 고국의 삼림파괴를 묘사했다. 공자의 추종자인 맹자는 인간과 자연의 관계에 대해 흥미로운 견해를 다수 밝혔고, 토지 관리에 유용한 조언을 많이 남겼다. 그는 유교의 고전을 썼고, 이 고전이 전수되어 중국 사상의 주류가 되었다.[7] 그 결과, 맹자는 중국인 특유의 환경관 형성에 결정적인 역할을 했고, 중국인이 환경을 다루는 방식에도 지대한 영향을 미쳤다. 맹자의 책에서 현대 학자들이 관심을 가질 만한 대목은 우산牛山에 대한 묘사이다. 이는 환경 변화와 그 원인에 대한 현자의 통찰을 보여 준다.

맹자가 말하기를, "우산牛山에 나무가 울창했던 때가 있었다. 그러나 대도시 외곽에 존재하는지라 나무는 끊임없이 도끼에 베어졌다. 나무들이 더 이상 좋지 못하다는 게 뭐가 그리 이상하다는 말인가? 밤낮의 휴식 시간, 우로의 축축함 덕분에 새싹이 나오기에 부족함이 없을 것이 확실하다. 그런데 그때 소와 양이 풀을 뜯으러 산에 왔다. 이것이 산이 벌거숭이가 된 이유이다. 벌거숭이 모습만 본 사람들은 그 산에는 나무가 있었던 적이 없다고 생각하기 마련이다. 그러나 이게 산의 본성이라고 말할 수 있겠는가? … 매일매일 나무가 베어졌을 때, 나무들이 더 이상 좋지 못한 게 뭐가 그리 이상하단 말인가?"[8]

맹자는 수년 동안의 벌목으로 삼림이 파괴되어 가는 산을 지켜보면서, 작은 나무의 성장과 번식을 막는 방목 때문에 삼림파괴 상태가 영구히 지속될 수 있음을 보았다.[9] 그는 성현 공자가 두 산(태산泰山과 동산東山)을 오른 이야기를 기록했는데, 마치 자기가 직접 그 산에 오른 것같이 생생하게 묘사했다.[10] 중국에는 우산牛山의 운명처럼 고통당한 고산지가 많았다는 점은 의심할 여지가 없다.

맹자가 목격한 인간이 원인을 제공한 또 다른 경관 변화는 황무지 개간이었다.[11] 맹자의 생각에 토지관리는 최우선적 국책사업이라고 할 만한 중요한 과업이었다. 그는 통치자들에게 영토를 정기적으로 조사하고, 토지 상태에 따라 지방 영주의 능력 유무를 판단하는 증거로 삼으라고 조언했다. 토지를 잘 관리한 영주에게는 상을 주고, "반대로 봉건영주의 땅에 들어갔는데, 토지가 방치되어 있음을 보게 된다면 … 그때는 질책이 있어야 한다."[12]

맹자와 같은 세기에 살았던 그리스 역사가 크세노폰도 페르시아 왕에 대해 유사한 내용을 보고했다.[13] 페르시아 왕은 지방을 순회할 때 토지의 상태를 집중적으로 살폈다. 나무가 우거지고 잘 관리된 땅의 지방관은 명예를 높여 주고 영토도 더 주었으나, 들판이 방치되고 삼림파괴가 일어난 곳에서는 지방관의 직을 박탈하고 새로운 관리를 임명했다. 이와 같이 페르시아 왕은 토지와 지방민을 얼마나 잘 돌보는지를 보고 관리들의 업무 능력을 판단했다. 토지와 주민의 관리가 방어군 유지나 세금 징수만큼이나 중요한 업무라고 믿었기 때문이다. 그 근거는 분명해 보인다. 즉, 대지를 잘 돌보고 환경문제에 잘 대처하는 지방관은 지역을 잘 통치한다고 할 수 있고, 주민 관리는 토지 환경 상태로 판단할 수 있다. 맹자와 크세노폰은 둘 다 통치란 모름지기 주민을 위한 것임을 깨달았던 것이다. "맹자가 말하길, 통치자가 자기 백성들이 잘살기를 바라는 것만으로는 충분하지 않다. 통치자는 실질적인 경제적 조치로 백성들의 안녕을 다져야 한다."[14] 그는 "백성이 가장 중요하다. 땅과 곡식의 신은 그 다음이며, 통치자는 마지막에 온다"[15]고 역설했다. 이론적으로 보자면, 통치자는 토지를 소유하고 그것을 사람들에게 나누어주었다. 그러나 그렇다고 해서 신이나 백성을 위한 노동에서 면제된 것은 아니다. 지주는 토지를 경작하여 제사에 올릴 곡물을 재배해야 한다.[16] 한 나라의 환경 상태는 정부가 하는 일이 무엇인지를 말해 주는 증거였다.

환경사가들의 입장에서 맹자의 주장 중 특이한 것은, 자원이 고갈되지 않고 백성을 해마다 먹여살릴 수 있는 확실한 환경보존 정책을 권고했다는 점일 것이다. 맹자는 자원의 지속 가능성 원리를 터득했던 것 같다. 그가 양나라 혜왕에게 한 충고는 주목할 만하다.

왕께서 바쁜 농번기에 관여하지 않으셔야, 백성들이 먹을 양보다 더 많은 곡물이 있을 것입니다. 왕께서 연못에서 촘촘한 그물을 사용하는 것을 금하셔야, 백성들이 먹을 양보다 더 많은 물고기와 거북이가 있을 것입니다. 언덕 위 숲에서의 자귀와 도끼 사용이 적절한 계절에만 허가되어야, 백성들이 쓸 양보다 더 많은 나무가 있을 것입니다.[17]

파종기와 추수기에는 백성들이 들판에 나가 일하도록 해야지 출정하게 해서는 안 된다. 성긴 그물은 작은 물고기와 거북이가 도망하여 잡을 만한 크기가 될 때까지 자랄 수 있게 한다. 산출량을 지속적으로 유지하는 삼림 관리가 해마다 일정한 목재 공급을 보장한다. 삼림 보존을 권한 맹자의 조언은 그 울림이 매우 컸다. 그는 혜왕에게 사려 깊은 벌목와 식목을 실천하라고 조언했고, 다른 대목에서는 대저택의 건축에 반대하며 잘라 낸 통나무의 낭비를 막는 지혜를 보였다.[18]

많은 지역에서 숲이 사라졌다는 암시에도 불구하고, 로마의 역사 서술 중에서 환경의 역사에 접근하는 비평은 별로 없다. 키케로Cicero는 농경, 가축 사육, 건축, 광산, 임업, 관개 등 자연을 바꾸는 인간의 능력을 찬양하면서 이를 유명한 하나의 문장으로 요약했다. "드디어 우리는 우리 손으로 자연 세계 안에 두 번째 세계를 만들기 위해 노력하고 있다."[19]

반면에 위대한 이슬람 철학자 이븐 칼둔Ibn Khaldun은 환경이 인류 역사에 미친 영향을 여러 차례 언급했다. 튀니스에서 태어난 그는 여러 지역을 여행했고, 메카로 성지순례를 떠났다가 다마스커스 근처에서 당시 위세를 떨치던 중앙아시아의 정복자 티무르Timur를 만났다. 이븐 칼둔은 《무깟디마》〔역사서설〕[20]에서 지구의 다양한 기후대를 묘사했는데, 그의 묘사법은 고대 그리스의 지리학자 프톨레마이오스Ptolemy를 연상시킨다. 칼둔은 다양한 인간 집단의 특징은 환경적 영향 때문이라고 적었다. 당대의 많은 무슬림 학자들이 그랬듯이, 그도 그리스 고전 작가들에 능통했다. 그의 가장 독창적인 환경이론은 사막에 관한 것이다. 그는 사막이 그곳에 사는 베두인족에게 어떤 영향을 미치는지 관심을 가졌고, 사막민과 도시민을 대조시켰다. 그는 사막 생활로 말미암아 그곳 사람들이 살이 찌지 않고 기근에 맞서는 강한 사람들이 되었다고 말했다. 사막 부족민들은 도시민들보다 "한층 더 선량하고" 훨씬 더 용감했고, 도시의 방벽보다는 서로를 의존했다.[21] 칼둔에 따르면, 사막 풍습에 적응하면 다른 지역 사람들보다 우세해질 가능성이 커진다. 그러나 사막의 선

조들로부터 나온 도시의 왕조들은 점점 사막 문화를 잃어 가고 낭비와 방탕에 빠져든다. 일단 도시가 세워지면, 사막 부족은 생활필수품을 도시에 의존하게 되기 때문에 도시의 지배를 받게 된다.[22]

중세와 근대 초기의 환경 사상

중세 서양의 역사 사상은, 신이 역사를 이끌고 자연은 이용과 돌봄의 대상으로 인간에게 주어진 신의 선한 창조물이라고 보는 성서의 견해에 강하게 지배되었다. 수도원은 종종 황야 지역에 지어졌고, 클레르보의 베르나르도Bernard와 같은 작가들은 무질서한 야생 식물들이 밭과 과수원으로 대체되고, 수도사들이 강을 통제하여 강물을 관개와 방앗간의 에너지로 끌어다 쓰는 경관의 변화를 관찰하였다.[23] 인간의 노동이 자연 세계에 가져온 변화는 유용할 뿐 아니라 아름답기까지 했다. 베르나르도는 경작지 확대, 정착, 삼림 정돈이 활발히 일어나던 시대에 살았으나, 이런 작업은 대부분 수도사가 아닌 일반 농민들이 맡아서 했다.

클래런스 글랙켄Clarence Glacken은 카시오도루스Cassiodorus, 파울루스 디아코누스Paulus Diaconus, 세비야 이시도르Isidore, 요르다네스 Jordanes와 같은 북부 야만인 민족의 중세 역사가들이 북부에서 남중부 유럽을 침략한 이유를 인구과잉과 기후에서 찾는다고 지적한다.[24] 북부의 혹독한 기후 때문에 거주민들의 정력이 좋아져 북쪽의 토지가 감당할 수 없을 만큼 아이들을 많이 낳았다는 것이다.

중세 연대기에는 환경법의 변화가 너무 무차별적이어서 일반 사람들이 싫어했다고 기록되어 있다. 예컨대,《앵글로색슨 연대기》에 등장하는 익명의 문필가는 대규모의 왕령지 숲을 만들고 왕에게 사냥권을 부여하는 노르만의 산림법을 영국에 도입하는 것에 반대했다.

그는 사냥 게임을 위해 위대한 보호 조치를 시행했다.
그리고 똑같은 게임을 위한 법도 강요했다.

수사슴과 암사슴을 죽이는 자는

눈이 멀게 될 것이란다.

그는 수사슴과 수퇘지를 지켰다.

그리고 수사슴을 무척이나 사랑했다.

마치 그들의 아버지인 것처럼.

더 나아가, 그는 토끼들을 놓아주라는 명령을 내렸다.

힘 있는 자들은 불평했고, 가난한 자들은 탄식했다.

그러나 그는 너무나 맹렬해서 그들의 적의는 신경 쓰지 않았다.

하지만 그들은 왕의 의지에 전적으로 복종해야 했다.

만일 그들이 살고자 하거나 그들의 땅을 지키고자 한다면,

재산이냐, 토지냐, 아니면 성은聖恩이냐.[25]

중세의 환경 변화에 관한 정보는 일반적인 역사보다는 지방의 역사에서 더 많이 발견된다. 이런 변화들은 각 관할 지역의 경관 내에서 주목받는 경우가 더 많기 때문이다. 예를 들어, 이탈리아 도시에서 시행된 오염방지법은 왕조와 전쟁에 집중된 이탈리아 전체의 역사보다는 해당 도시사에서 언급될 확률이 높다.[26]

리처드 그로브Richard Grove는 파격적인 연구《녹색 제국주의》에서, 일찍이 17세기에 식민제국이 파견한 의사와 과학자들이 오세아니아 섬들과 인도 및 남아프리카에서 일어나고 있는 환경 변화를 알렸다고 지적했다. 이 변화가 너무 빠르게 진행되어 한 사람의 생애 동안에 기록될 수 있을 정도였다.[27] 과학자들은 인간이 유발한 삼림

파괴와 기후변화의 증거를 기록했다. 비록 그들의 발견 대부분은 공식적인 역사에 수용되지 못했지만, 그들은 인간이 전 세계의 환경 변화를 일으켰고 대부분의 변화는 진보가 아닌 퇴보였다는 생각을 이끄는 추진력을 제공했다.

식물학, 동물학, 기후학, 지리학을 전공한 많은 유럽 학생들이 연구소의 행정가나 창립자로 일하게 되었다. 특히 환경이론의 성장에 중요한 역할을 한 곳이 식물원이었다. 식민 당국은 식물원 책임자를 다른 요직에 앉히거나, 과학자를 고문이나 총독으로 임명하기도 했다. 가끔씩 그들의 생각이 수용되고 실행되기도 했지만, 그런 경우는 예외적이었을 것이다. 과학자들을 파견한 정부와 기업은 즉각적인 경제적 수익을 창출하는 프로젝트를 선호했고, 순수과학 연구자들을 보직 이동과 예산 삭감으로 압박했기 때문이다. "국가는 그들의 경제적 이익이 직접적으로 위협받고 있다고 보일 때에만 환경 악화 저지 노력을 한다"고 그로브는 관찰했다. "불행히도 철학 사상, 과학, 인간종에 관한 고유한 지식과 위협이 그런 결정을 압박하기엔 충분하지 않다."[28] 아니러니하게도, 힘이 있는 사람들이 자연 관찰자들의 소리를 귀담아들었다면 결국에는 돈을 벌었을 것이다.

근대 초기 과학자들이 제기한 더 설득력 있는 주장은, 식민 정부가 통제하는 지역의 환경 악화를 방지하는 것이 식민 정부의 이익이라는 것이었다. 18세기 영국의 경제학자 리처드 캉티용Richard Cantillon이 제안했듯, "국가는 땅에 뿌리를 둔 나무이다."[29] 식민지의 삼림이 파괴되면 더 이상 목재를 공급할 수 없다. 삼림이 파괴된 땅은 침식과 강우량 감소로 황폐해지고, 그러면 식량 생산과 다른 곡물을 수확할 토양과 물도 줄어든다. 결국 빈곤과 기아에 직면한 식민지 사람들은 저항하게 된다.

그로브는 제국주의의 옹호자를 발견할 줄로 예상했던 곳에서 예리한 관찰자, 창의적인 사상가, 파괴적인 방법에 비판적인 분석가들과, 유럽 식민지 사람들과 생태계 속에서 분주히 움직인 그들의 활동상을 발견한다. 18세기 중반 당시 프랑스령이었던 모리셔스의 총감 피에르 푸아브르Pierre Poivre는 삼림파괴를 동반한 강우량 감소에 주목하고, 경관을 보존하고 복원하라고 조언했다. 본국과 식민지의 자산을 비슷하게 낭비하는 과거의 처리 방식은 삼림파괴가 "땅의 노예 상태"를 만들었기 때문에 "신성모독적"이라고 보았다.[30] 처음에는 이 섬이 에덴동산과 닮았다고 생각했지만, 푸아브르는 실제로 이 섬을 아주 가까이에서 본 적이 단 한 번도 없었다. 그럼에도 그는 환경을 보존해야 할 정당한 근거를 설득력 있게 제시했고, 이를 실천에 옮기려고 노력했다. 토머스 제퍼슨Thomas Jefferson은 푸아브르의 생각 중 많은 부분을 공유했다.

자연환경을 지키고 돌봐야 한다고 주장하던 근대 초기의 일부 환경운동가들은 인도에서 조우한 힌두교와 자이나교의 인간-자연 조화사상에 심취했다. "신성과 '만물'을 동일시하는 능력은 서구적 또는 성서의 질서관과 창조된 인간 우위에서 벗어나는 매우 중요한 출발점이 되었다."[31] 그들은 생물상에 관한 인도 고유의 지식과 식민지 이전의 쉬카르가shikargahs 또는 인도왕국에서 지정된 야생생물과 숲

보호구역과 같은 초기의 보존 관습에 관심을 보였다. 식민지 과학자들의 환경적 관심은 종종 지역민의 복지를 위한 개량주의적 동조, 심지어는 페미니즘 사상과도 맞물렸다.

그로브는 스코틀랜드인 외과의사이자 박물학자 겸 식물학자였던 윌리엄 록스버그William Roxburgh 같은 유명 인사들의 업적을 자세하게 그려 냈다. 록스버그는 인도의 생태학적·기후학적 변화와 전염병, 기근과의 연관성을 찾아내어, 결국 식민정책이 인도 사람과 인도 환경에 미친 부정적 영향에 대한 총체적 입장을 표명했다. 외과의사 에드워드 그린 밸푸어Edward Green Balfour와 같은 사람들은 동료와 상급자들을 상대로 환경보존을 주장하는 것을 넘어, 반식민주의 운동까지 하려고 했다.

조지 퍼킨스 마쉬George Perkins Marsh는 사람들이 환경사에 관심을 갖도록 도움을 준 현대 작가에 속한다. 그는 오랫동안 이탈리아 주재 미국 대사로 일했다. 지중해를 비롯한 여러 지역에서 "우리가 사는 지구 환경에서 인간에 의해 일어난 물리적 변화의 특징과 그 정도"를 관찰한 그는, 1864년 출판된 걸작 《인간과 자연》에서 "인간이 무지해서 자연의 법칙을 경시한 결과, 땅이 파괴되었다"[32]는 경고를 발표했다. 당시 서구 사회를 지배하던 경제적 낙관주의와는 정반대로, 그는 "인간"이야말로 자연의 조화를 교란하는 훼방꾼이며, 삼림파괴와 같은 인간의 많은 활동이 문명을 지탱하는 천연자원을 고갈시킨다고 관찰했다. 이런 교란과 파괴가 필수 자원, 특히 연료의 공급을 감소시켜 경제구조에 치명적인 영향을 미친 결과 로마제국도

쇠퇴했다는 주장이다. 《인간과 자연》은 인간이 자연을 파괴했고, 여전히 파괴하고 있는 방식에 대한 범세계적 연구를 목표로 했다. 마쉬는 로마가 환경 위기를 경험한 유일한 문명사회가 아니라고 보았다. 그러나 본인이 친숙한 지역인 지중해 국가, 유럽, 북미 이외의 지역 세계는 예외 없이 적게 다루었다. 이런 한계에도 불구하고, 마쉬는 환경파괴와 천연자원의 고갈 가능성 문제를 체계적으로 조사한 환경사 연구의 선도자이다. 마쉬는 지구를 집에 비유했다.

"우리는 지금 이 순간에도 집의 바닥, 벽, 문, 창틀을 뜯어내어 연료로 삼아 난방과 요리를 하고 있다. 느리지만 확실한 과학의 진보가 더 좋은 경제를 가르쳐 줄 때까지 지구가 기다릴 만한 여유가 없다."[33]

그는 이전에도 다음과 같이 말한 적이 있다. 인간의 파괴적 활동 때문에,

"지구는 빠른 속도로 그 고귀한 거주자들이 살 수 없는 집이 되어가고 있다. 인간의 동일한 범죄와 경솔함이 넘치는 또 다른 시대, 그리고 그 범죄와 경솔함의 흔적이 확대되어 비슷하게 지속되는 또 다른 시대에 지구는 저조한 생산성, 산산조각 난 지면, 극한의 기후 상태로 추락해 타락과 만행, 심지어 종의 멸종까지 위협받는 정도로 쪼그라들 것이다."[34]

마쉬가 인간의 자연환경 파괴를 너무 격하게 묘사해 그를 순수한 자연 상태 옹호자로 오해하기가 쉬운데, 그것은 그의 목적이 아니다.

"내가 희망하는 것은 외려 경제적 중요성이라는 논제에 대한 관심을 자극하는 것이다. 우리가 사는 지구의 물리적 환경에 미치는 영향력 면에서 (과거와 현재의) 어떤 인간 행동이 가장 해롭고 이로운지 그 방향과 방식을 규명하고 제시하려 한다."[35]

인류는 "살아 있는 자연의 모든 부족에 대한" 무자비한 전쟁을 수행해 왔을지도 모른다. 그러나 그들을 길들임으로써 고귀함을 선사하기도 했다. 마쉬가 보기에, 야생은 풍요롭지만 이용하기 어려운 존재 혹은 메마르고 척박한 존재였다. 그는 농업과 모든 예술 문명에 종사하는 활력 넘치고 번영하는 인간 공동체가 포함된 세계를 바랐다. 그러나 그런 공동체는 경관을 바꾸지 않고서는 존재할 수 없다.

마쉬의 핵심 주장은, 인간이 자연환경에 미친 그 많은 변화가 그 의도나 결과와는 상관없이 인간이 자연에서 누리는 효용성을 떨어뜨렸다는 것이다. 산에 있는 숲은 비교적 자연 상태 그대로 보존되어야 한다. 숲 그 자체를 위해서가 아니라, 숲의 침식을 막아 연중 맑은 물의 공급을 보장받기 위해서다. 숲과 산이 그 자체로 아름다운 것은 사실이지만, 그 아름다움 역시 인간이 누리는 효용을 나타낸다. 마쉬가 절실히 바란 바는, 인간의 필요가 충족되고 자연의 조화가 지켜지는 인간과 자연의 균형이었다. 이 점은 분명하게 식별해야 한다. 그는 이것이 가능하다고 믿었다. 인간은 자연을 파괴하는 존재이지만, 동시에 자연과 협력할 수 있는 존재이며, 무너진 조화를 복원할 수 있는 존재이기도 하다.

20세기 초

20세기 초중반에 프랑스를 주축으로 한 일군의 역사가들이 인간 사회와 환경의 상호적 영향을 전 세계적인 범위로 추적했다. 그들은 역사학의 지평을 넓히려는 노력의 일환으로 지리적 환경의 중요성을 강조했고, 역사가들과 지리학자들에게 광범위한 영향을 끼치면서 환경사를 자극하는 추동력을 제공했다. 그들은 보통 '아날학파Annales'라고 알려졌는데, 이 이름은 1929년에 개간된 학술지의 이름을 딴 것이다. 그들의 많은 논문이 이 잡지에 실렸다.[36]

아날학파의 창립자 중 한 사람이 바로 뤼시엥 페브르Lucien Febvre, (1878~1956)이다. 이 집단을 대표하는 학자들은 페르낭 브로델Fernand Braudel, 마르크 블로크Marc Bloch, 조르주 뒤비Georges Duby, 자크 르 고프Jacques Le Goff, 에마뉘엘 르 루아 라뒤리Emmanuel Le Roy Ladurie 등이다.[37] 페브르가 쓴 《역사지리입문》은 이 분야의 고전이다.[38]

이 책에서 페브르는 역사가들이 각자의 분야를 연구할 때 환경과 지리 연구의 중요성을 인정해야 한다고 주장했다. 그의 책은 환경사를 분과학문이자 연구 방법으로 인정하도록 만든 가장 중요한 문헌이다. 페브르는 자연환경이 인간사와 중요한 연관성이 있다고 주장한다. 그러면서 환경결정론에는 반대한다. 역사학의 지리학적 접근을 비판한 사람들은 인간을 환경의 힘에 붙잡힌 볼모나 "환자"로 만든다고 비난했다. 페브르는 환경의 중요성을 주장하면서도 그것이 사회에 "가능성"을 확립해 준 것 이상은 아니라고 했다. 그는 해방과 창의성이 발휘되는 선 안에서 인류에게 폭넓은 선택권이 있다고 주장했다. 오늘날 대부분의 환경사가들은 페브르의 주장과 맥을 같이할 것이다.

페브르가 책에서 다룬 철학 부분은 역사적인 가치뿐 아니라, 현대적 차원의 모든 이해에도 지속적인 가치가 있다. 그러나 그가 제시한 역사인류학적 사례들은 종종 구시대의 산물이거나 잘못된 경우가 있다. 페브르의 많은 발언이 역사가들에게 가치가 있고, 그의 본격적인 연구 대상이 사회의 역사적 발전과 환경의 상관성이지만, 그의 책은 '인류지리학'이지 역사 그 자체는 아니다.[39]

페브르는 본인의 시대에 대해서는 놀랄 만큼 생태학적으로 접근한다. 그는 인간이 자연 체계의 일부이며, 나머지 부분들과 끊임없이 관계를 맺어야 한다는 점을 이해한다. 예컨대, "그때 우리가 '인간' 개념을 … 인간 사회 개념으로 대체했고, 그러한 사회 행위의 본질을 지구의 여러 지역을 차지하고 있는 동식물 공동체와의 관련성 속에서 설명하려고 노력했다."[40] 인간도 동식물과 동일하거나 유사한 제약 아래에서 행동한다. 그러나 그는 오늘날 우리가 환경문제라고 여기는 부분은 그다지 언급하지 않는다. 프랑스의 삼림파괴 문제는 간단하게 논하지만, 오염이나 생물다양성 유실 등에 대한 논의는 거의 없다. 다만, 인간의 활동이 지구에 악영향을 미치고 있다는 점은 분명히 알고 있다. "문명인은 까무러칠 정도로 능숙하게 지구 착취를 감독한다. 그러나 잠깐만 성찰해 봐도, 그것이 불온한 것임을 단박에 안다."[41]

환경의 영향력을 주장하던 초창기 학자들은 종종 기후와 다른 환경적 요인들이 인종적 특징과 차이를 만든다고 생각했다. 페브르는 인종주의적 해석에는 반대했지만, 오늘날에는 받아들일 수 없는 고정관념을 가지고 있었다. 예컨대, 아프리카 농업을 묘사하며 "토양을 전혀 파지 않았다. 니그로는 단지 표면만 긁었을 뿐이다."[42]라고 했다. 당시 유럽에 존재하던 경솔한 편견의 일부였다. 그는 성차별적인 표현도 간간이 사용했다.

1946년에 초판이 발행된 페르낭 브로델의 연구 《지중해와 펠리페 2세 시대의 지중해 세계》[43]는 아날학파가 환경을 강조하는 방법을 보여 주는 대표적인 사례이다. 이 책은 역사책이지만, 1,300쪽에 달하는 두 권의 책 중 1부의 제목이 '환경의 역할'이고, "산이 먼저"라고 공포하는 절로 시작된다.[44] 그 뒤를 이어 환경과 경제를 다룬 장들이 전개되고, 전통 역사학의 주제는 2권으로 넘어갈 때까지 나오지 않는다. 브로델은 지중해의 역사에서 지리적 공간과 환경이 차지하는 중요성을 설득력 있게 주장한다. 그는 환경의 변화, 특히 선박 제조용 목재를 고갈시키며 진행되는 삼림파괴 과정을 알고 있다.[45] 그는 스페인의 메디나 델 캄포에서 "인간의 공격으로 지중해의 원시림이 너무, 너무 많이 줄어들었다"고 기록했다. 그 희소성 탓에 땔감이 저녁 식사만큼 비싸졌다.[46] 그는 기후변화가 종종 인간이 자행하는 경관 변경의 결과라고 믿었다. 그는 건조한 기후와 "대규모 삼림파괴"를 연결시켰다.[47]

기후변화에 대한 한층 더 포괄적인 연구는 에마뉘엘 르 루아 라뒤리의《축제의 시대, 기근의 시대》[48]에서 시도되었다. 라뒤리는 나무의 나이테, 포도 재배 날짜, 알프스 빙하의 확장과 후퇴에 관한 기록을 근거로, 소빙기를 포함한 온난기와 한랭기를 연대별로 정리하여 역사 속의 기후가 일정하지 않았음을 보여 주었다.

미국의 선구적인 역사가 프레더릭 잭슨 터너Frederick Jackson Turner[49]와 월터 프레스콧 웹Walter Prescott Webb도 역사에서 환경을 고찰하는 또 다른 추동력을 제공했다. 그들은 서부 개척이 평등주의적 사업이 계속될 수 있는 환경적 안전장치를 제공했고, 1890년경 서부 개척의 종료가 엄청난 사회적 결과를 초래할 것이라고 경고했다는 이론을 펼쳤다. 웹은 자신의 연구 방법을 지리와 물리적 환경을 통해 역사에 접근하는 방식이라고 표현했다.[50] 제임스 말린James C. Malin의《북부 아메리카의 초원》은 인간의 대평원 정착에 수반된 생태적 변화를 이야기했다.[51] 20세기 중반의 미국 역사가 중에서 이러한 연구 흐름을 따르지 않은 사람은 별로 없다. 이는 20세기 후반에 미국이 왜 환경사가 자주적인 탐구 분야로 출현하고 발전하는 무대가 되었는지를 보여 주는 한 가지 이유이다.

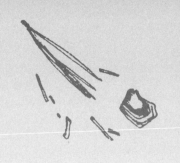

3장

미국 환경사의 출현

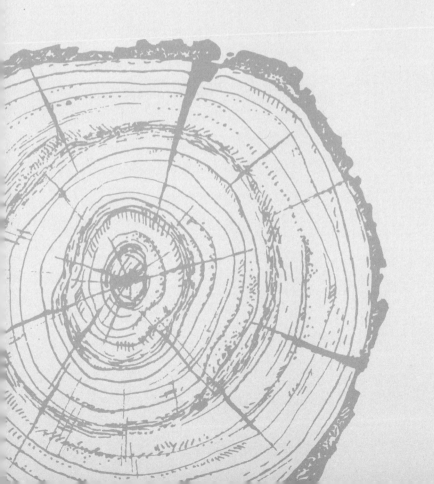

이 장에서는 미국 환경사 분야의 초창기 발전 과정을 정리한다. 환경사란 명칭이 정해지고, 환경사가 역사학의 독립적인 하위 분과로 정립된 곳이 바로 미국이다. 20세기 초, 당시 자연보호의 역사라고 불렸던 분야에 대한 관심이 높아졌다. 이 분야는 진보자연보호운동과 토지 사용, 자원 보존, 야생과 같은 논제와 관련되어 있었다. 20세기 중반 이후 환경주의의 등장은 역사가들이 오염, 생활 방식, 환경법과 같은 쟁점에 관심을 돌렸다는 의미이기도 하다.

이 장에서는 미국 환경사 서술에서 중요하게 다루어진 핵심 주제들을 간략하게 살펴본다. 미국 환경사, 콜럼버스 이전의 발전, 지역 연구, 전기, 공공 역사와 법적 연구, 비정부 단체NGO, 도시환경, 환경정의, 성차별 주제 등이다. 마지막으로, 기술사와 농업사, 산림사처럼 더 특별한 환경적 주제들이 연구된 분야들을 언급할 것이다. 그리고 환경사가 하위 분과로 인정받기 이전에 설립되었지만 환경사와 공통의 관심사를 공유했던 활동가들의 협회도 함께 다루고자 한다.

1960년대 후반 당시만 해도 환경사 연구와 관심은 소수의 학자들, 그것도 서로를 모르는 학자들에게만 국한되어 있었다. 그런데 21세기 초에 접어들자 환경사는 수백 수천 명 규모의 커뮤니티로 성장했다. 여러 학회로 조직된 이 커뮤니티는 인터넷과 급증하는 엄청난

양의 출판물(책, 논문, 학술지)을 매개로 활발하게 소통한다. 나를 포함해서 이 분야를 개괄적으로 살펴보려고 했던 사람들은 환경사 분야의 급격한 성장과 규모에 압도당했다. 존 맥닐이 2003년에 발표한 논문 〈환경사의 본질과 문화에 관한 고찰〉[1]은 이 분야에 관심 있는 사람이라면 누구나 반드시 읽어야 하는 자료로 추천된다. 맥닐이 "소량의 문헌자료에 기초하여"[2] 연구했다는 지적이 일부 있지만, 상대적인 관점에서 보면 참고한 자료가 한정적일 수는 있어도 논문의 넓이와 깊이상 그 양은 절대로 적지 않다.

나는 오직 그의 발자취를 뒤따르고자 노력할 뿐이다. 그리고 앨프리드 크로스비, 리처드 그로브, 새뮤얼 헤이스Samuel Hays, 차르 밀러, 베라 노우드Vera Norwood, 요아힘 라트카우Joachim Radkau, 마트 스튜어트Mart Stewart, 리처드 화이트Richard White, 도널드 워스터와 같은 선구자들의 발자취도 함께 따라가 보려 한다.

자연보존에서 환경까지의 미국사

환경사는 1960~70년대 미국에서 의식적인 역사적 노력으로 처음 출현했다. 그러나 그렇다고 해서 앞 장에서도 다룬 것처럼 유럽 역사가들의 여러 저작에 환경사 주제들이 이미 등장했다는 사실을 부정하려는 것은 아니다. 오히려 나중에 더욱 심화해서 다룰 것이다. 그러니까 역사가들은 그전에 이미 미국의 자연보존운동에 관심이 있었다. 존 뮤어John Muir 같은 자연보호 주창자들과 소위 진보적 자연보존운동이 여기에 해당한다. 그러면서 천연자원을 신중하게, 과학에 기초하여 사용하자는 주장이 등장했는데, 존 웨슬리 파월John Wesley Powell과 기포드 핀쇼Gifford Pinchot가 대표적이다. 이 진보적 자연보존주의자들은 시어도어 루스벨트(1901~1909)와 프랭클린 루스벨트(1933~1945) 행정부 시절에 백악관의 전폭적인 지지를 받았다.

자연보호를 연구하는 역사가들은 "서부 개척의 종료" 시기인 1890년부터 대공황이 일어난 1930년대까지의 시기를 미국이, 특히 서부가 이제는 자연이 무궁무진한 천연자원의 보고가 아님을 깨달은 각성의 시대였다고 본다. 가능한 한 빨리 땅을 사유지로 전환하려던 정부 정책이 연방정부가 보존하는 공유지를 만드는 쪽으로 변했다. 미국 의회는 1872년 세계 최초로 옐로스톤Yellowstone을 국립공원으로 지정했고, 그 이후로 여러 국립공원이 생겨났다. 1916년에는 국립공원관리국설립법을 제정해 자연을 법적으로 관리하기 시작했다. 대통령은 1891년의 산림보호법Forest Reserve Act of 1891을 폐기할 수 있는 권한이 생겼고, 그 결과 수백만 에이커의 산림이 정부 손에 떨어졌다. 시어도어 루스벨트는 이 권한을 행사하는 데에 매우 열정적이어서 보수적 성향의 의회가 대통령의 권한을 철회할 정도였다. 그러나 루스벨트는 권한을 뺏기기 전에 이미 수많은 사인을 한 터라 의회의 결정은 늦은 감이 있다. 1905년에 설립된 미국 산림청의 보호 아래 미국의 삼림 유산은 계속해서 확장되어 갔다. 또한 야생보호구역, 천연기념물, 토양보전, 폐수 정화, 관개, 방목 규제 등 여러 자연보존 노력이 이어졌다.

1963년, 존 F. 케네디 행정부와 린든 존슨 행정부의 내무장관이었던 스튜어트 유달Stewart Udall이 쓴 책《조용한 위기》를 읽으면 미국의 자연보존 역사를 조감할 수 있다.[3] 유달은 19세기 중후반을 민간 개발업자들의 "자원 급습"이라고 묘사하며, 진보적 자연보존운동을 민주주의의 승리라고 보았다. 공공의 소유인 자원을 국민의 이익을 위해 사용하는 것이 민주주의이기 때문이다. 새뮤얼 헤이즈는《자연보존과 효율성 교의》[4]에서 더 비판적인 분석을 제시했다. 그는 루스벨트식 자연보존이 과학적 경영, 조직의 효율성을 강조한 방식이었다고 분석했다. 좀 더 최근에는 애덤 롬Adam Rome이 〈보존, 보호, 환경행동주의〉에서 미국의 자연보존 역사에 관한 서술을 비평했다.[5]

《야생과 미국의 마음》[6]에서 로드릭 내쉬는 자연보존을 지성사의 맥락에서 살피며, 자연보전주의자의 사상을 강조한다. 그리고 미국의 지방 도시나 농촌지역의 "제2의 경관"과 대조하여, 야생을 초창기 미국 환경사의 주요 관심사로 설정한다.

그러나 환경을 대하는 미국의 태도에 일어난 거대한 전환을 정의한 사람은 헤이즈였다. 이를 계기로 환경운동이 탄생했고, 환경사라는 학문적 연구가 탄생했다. 이후에《미美, 건강, 영원》[7]이라는 책으로 확장된 논문 〈보존에서 환경으로: 제2차 세계대전 이후의 미국 환경정책〉에서 헤이즈는 새로운 환경적 가치의 출현에 대해 서술했다. 그 새로운 가치란 쾌적한 환경, 휴양, 아름다움, 건강 등에 대한 바람인데, 이 모든 것이 생활 및 교육 수준의 향상과 관련 있는 가치들이다. 물론 미국인들은 적어도 반세기 동안 캠핑, 하이킹을 다녔고, 아웃도어 생활을 즐겨 왔다. 존 뮤어는 1892년 야생의 가치를 알리고자 '시에라클럽Sierra Club'을 조직했다. 1920년대 중반, 미국인들이 공원과 숲으로 이동하는 데에 사용한 대표적인 교통수단은 자동차였다. 경제공황과 전쟁에 대한 집착으로부터 해방된 시기인 1950년대가 되자, 유례없이 많은 사람들이 자연환경 속에서 휴양을 찾았다.

미국인들은 토지 사용과 자원을 넘어 그들에게 직접적인 영향을 미치는 환경문제에 점점 더 관심을 갖기 시작했다. 핵폭탄 실험에서 유출된 방사능 오염물질의 위험성도 인식하기 시작했다. 뉴스 매체들은 기름 유출로 인한 오대호의 오염을 알렸고, 휘발유 품귀 사태가 일어났고, 여러 도시는 물론이고 그랜드캐니언에서까지 심각한 대기오염이 목격되었다. 레이첼 카슨Rachel Carson은 1962년에 출간된 책 《침묵의 봄》에서 분해가 잘 되지 않는 살충제 농약의 위험성을 경고했다.[8] 이렇게 출현한 환경운동은 1970년 4월 22일, 첫 번째 지구의 날 행사를 통해 전국적인 차원의 인식에 미치게 되었다. 이 행사 이후 의회는 일련의 환경법을 제정·시행했다. 리처드 닉슨 대통령을 비롯하여 여러 주지사들이 이 법에 서명했다. 이전에는 생소한 학문이던 생태학이 이제 일상적인 단어가 되었다.

1960~70년대에 환경사 분야를 개척한 역사가들은 대부분 환경주의자로, 그들이 연구와 저작에서 특정 부분을 선택·강조했다는 점

은 의심할 여지가 없다. 예컨대, 로드릭 내쉬는 환경권리 선언의 초안 작성을 도왔고, 1969년 산타바버라 해협 기름 유출 사건 이후 이 문제를 다루는 국제대회를 함께 조직했다. 산타바버라 해협은 내쉬가 나중에 환경연구 과정 신설을 도운 캘리포니아주립대학교에서 멀지 않은 곳이었다. 내쉬 등의 역사가들은 처음부터 자신들의 연구가 환경주의자들의 저널리즘 형태로 보이지 않도록 무척 신경을 쏟았다. 존 오피John Opie는 1982년 이 문제를 다루며 "지지의 유령"[9]이란 표현을 썼다. 환경사가들은 역사학계 안에서 학계를 위태롭게 할 수 있는 관점을 유포한다는 혐의를 받는 수상한 사람들이었다.

물론 그런 불신에는 정당한 근거가 없었다. 환경사가들은 객관성을 지켰고(때로는 지나치리만큼 지지를 회피하려 했다), 반대자들만큼이나 환경운동가들에 대해 비판적일 때도 있었다. 오피는 저작에서 지지의 확실한 가치를 상기시키며, 환경운동에 대한 지지를 회피하는 태도는 중요한 윤리적 질문들로부터 잽싸게 도망치는 것이라고 비판했다. 신랄하다는 것이 덜 헌신적이라는 의미는 아니다. 널리 존경받는 역사가이자 미국에서 가장 유명한 환경사가인 도널드 워스터가 대표적인 사례이다. 그는 그의 해박한 역사 이해로부터 나오는 행동을 추천하는 데에 주저함이 없었다. 그러나 이 쟁점은 아직도 진행형이다.[10]

1976년, 역사가들과 상당수의 "환경윤리학" 철학자들, 그리고 환경문학 연구자들이 주축이 되어 미국환경사학회를 조직하고, 존 오피를 회장으로 선출했다. 같은 해 이 학회의 학술지가 발행되기 시작했다.《환경비평Environmental Review》(1976~1989),《환경사 비평Environmental History Review》(1990~1995),《환경사Environmental History》(1996~현재까지) 등의 학술지가 계속 발행되었다. 학술지 명칭의 변화는 학회의 활동이 어떻게 변했는지를 정확히 보여 준다. 환경사를 폭넓은 간학문적 모험에서부터 점차 역사학의 하위 분야로 간주하려는 학회의 정체성이 엿보인다. 그러나 환경사는 태생적으로 모든 곳에서 수행되는 간학문적 노력으로 남을 수밖에 없다.

미국 환경사의 주류

1985년 리처드 화이트Richard White가 발표한 사학사 논고 〈미국 환경사: 새로운 역사학 분야의 발전〉은 환경사 분야의 초창기를 개관한다.[11] 이후로 미국 환경사를 주제로 사학사적 비평을 시도하는 거의 모든 학자들은 문헌이 너무 방대하고 다양해서 어떠한 포괄적인 개관도 불가능하다고 입을 모은다.

《미국사 연보》는 1990년 환경사 좌담을 특집으로 다루며, 앨프리드 크로스비, 리처드 화이트, 캐롤린 머천트, 윌리엄 크로넌, 스테판 파인의 논문과 도널드 워스트의 논문 두편을 실었다.[12] 당시의 중요한 쟁점을 파악하는 통찰력을 제공한 이 특집호는 여전히 환경사 분야에 지속적인 영향을 미치고 있다. 믿을 만한 안내서는 2002년 캐롤린 머천트가 출간한《콜럼비아판 미국 환경사 안내서》이다.[13]

이 책의 분량만 봐도, 나는 그 주제의 범위조차 흉내 낼 수 없다. 실로 감탄할 만하다. 그러므로 여기서는 1970년부터 2014년까지 미국 환경사가들의 관심을 끌었던 주요 주제를 다룬 몇 가지 문헌만 간단하게 살펴보기로 한다. 여기서 언급하는 작업들이 문헌 전체를 대표하지는 않지만, 읽으면 자극을 받을 만한 사례들을 선별했다.

머천트의 책 1장은 앞선 연대를 다루는 〈미국 환경과 원주민-유럽인의 만남〉으로 시작한다. 앨프리드 크로스비의 《콜럼버스의 교환》[14]은 신세계를 침략한 유럽을 다룬 획기적인 책이다. 크로스비는 유럽인들의 성공 요인을 뛰어난 무기와 기술뿐 아니라 그들이 신세계로 가지고 들어간 생물들이 초래한 생물학적 결과, 특히 아메리카 원주민에게는 항체가 없었던 미생물들이 일으킨 전염병에서 찾는다. 아메리카 원주민들이 얼마나 자연친화적인 삶을 살았는지에 대해서는 논란이 많다. 《게임의 관리인》에서 캘빈 마틴Calvin Luther Martin은, 원주민들의 신념 체계가 오랜 경험을 통해 북아메리카의 환경에 맞추어졌는데, 유럽인의 교역과 질병으로 망가졌다고 주장했다. 그렇기 때문에 원주민의 생태적 가치가 외부에서 온 유럽 미국인 사회에 전유될 수 없었다는 것이다.[15]

미국은 국토가 넓고 생태가 다양하기 때문에, 세계의 환경사에서 이야기되는 동일한 문제들이 미국 전역의 환경사에서도 나타난다. 이와 관련해 조셉 페툴라Joseph M. Petulla의 《미국 환경사》[16]와 존 오피의 《자연의 민족》[17] 등은 탁월한 정리를 제공해 준다. 또 하나의 사례는 테드 스타인버그Ted Steinberg의 《지구 아래로》[18]인데, 그의

그림 6 미국 유타주 나바호족 보호구역의 황폐한 땅에서 풀을 뜯고 있는 양들의 모습. 환경사가 연구하는 환경파괴 형태를 잘 보여 준다. 1963년 저자 촬영.

책은 미국 자본주의가 자연의 모든 것을 상품화하는 경향이 있음을 날카롭게 비판한다. 캐롤린 머천트의《미국 환경사 입문》[19]은 유용한 안내서 역할을 한다. 마크 피지Mark Fiege의 성공작인《자연 공화국》[20]은 총망라하는 식의 개관을 시도하지는 않지만, 미국사의 환경적 측면을 다룬 장들을 선별하여 설명한다.

지역 환경사는 일찍 등장했지만, 어떤 지역은 많이 연구된 반면에 아직 문헌에 제대로 언급조차 되지 않은 지역도 많다. 아무래도 나라 전체보다는 특정 지역을 생태적 용어로 정의하기가 좀 더 용이하다. 대초원은 앞 장에서 언급한 월터 프레스콧 웹과 제임스 말린의

지역적 연구 대상으로 이미 등장했다.[21]

광활한 서부는 1970년 윌버 제이콥스Wilbur R. Jacobs의 충격적인 논문 〈개척자, 모피 상인, 불량배: 미국의 개척사에 대한 생태적 평가〉[22]의 연구 주제였다. 이 논문은 미국 환경사가 본궤도에 오르는 데에 이바지했다. 제이콥스는 모피 사냥꾼과 상인들이야말로 서구의 용감한 탐험가나 발견자가 아니라 환경 침략자라고 주장했다. 그들이 개울의 댐 역할을 하던 비버들을 남획하면서 개울의 침식이 시작되었다. 1979년, 도널드 워스터와 폴 보니필드Paul Bonnifield는 더스트 볼Dust Bowl〔모래바람이 휘몰아치는 미국 대초원 서부 지대〕을 연구 대상으로 삼아 1930년대의 생태계 파괴를 다루었다.[23] 더 이른 사례로는, 생태환경의 관점에서 멸종위기에 처한 들소 문제를 다룬 앤드류 아이젠버그Andrew Isenberg의 연구가 있다.[24]

캐롤린 머천트의 《녹색 대 금색》[25]은 드넓고 다양한 모습을 보이는 캘리포니아의 지역 환경사에 대한 훌륭한 안내서이다. 이 책에는 캘리포니아주의 전 역사 시기에 걸쳐 일어난 환경 변화에 대한 간단한 해설과 함께 선별된 원 사료가 실려 있다. 아메리카 원주민, 스페인 이주민, 골드러시 이주자, 삼림 개발업자, 농부, 수자원 개발업자, 도회지 사람, 과학자, 환경운동가 등 다양한 지역민의 목소리를 들을 수 있다.

뉴잉글랜드의 초기 환경사는 윌리엄 크로넌의 명작 《땅의 변화》[26]의 연구 주제였다. 크로넌은 토지에 대한 유럽인의 태도와 자본주의가 땅의 변화와 원주민의 감소에 어떤 영향을 미치는지를 추

그림 7 미국 캔자스주의 대초원을 하늘에서 내려다본 모습. 직사각형 모자이크 모양의 토지는 1785년에 시작된 연방토지조사와 1862년에 제정된 홈스테드법(자영농지법)의 결과이다. 1962년 저자 촬영.

적한다. 앞서 언급한 캐롤린 머천트는 《생태혁명》[27]에서 뉴잉글랜드의 토지 이용이 두 가지 큰 변화를 겪었다고 보았다. 한 가지 변화는 식민 가족의 도착이 일으킨 것이고, 두 번째 변화는 19세기 초에 도입된 시장경제가 가져온 것이다. 리처드 주드Richard Judd는 뉴잉글랜드에서 시작된 자연보존이 정부의 하향식 경영이 아닌, 보통 사람들의 태도와 결정에서 기원했음을 추적했다.[28]

미국 남부의 환경사는 앨버트 코드리Albert E. Cowdrey의 《이곳 토지, 이곳 남부》[29]에 잘 분석되어 있다. 그는 목화, 옥수수, 담배를 대단위로 단작單作〔한 농경지에 한 종류의 농작물만을 심어 가꾸는 일〕한 결과, 해

충과 토양침식 피해를 키웠다고 지적했다. 이에 대해 카빌 얼Carville Earle은 남부 소농의 생태학적 역할을 옹호하는 논문으로 답했다.[30] 이 지역에 대한 문헌 비평은 오티스 그레이엄Otis Graham이 잘 정리했다.[31] 폴 서터Paul S. Sutter와 크리스토퍼 맹거넬로Christopher J. Manganiello가 공동 편집한 책에는 의욕적인 논문들이 실려 있다.[32]

자연보존과 환경운동 역사에서 중요한 역할을 한 사람들의 전기는 미국 환경사를 구성하는 요소 중 하나이다. 조지 퍼킨스 마쉬, 존 뮤어 같은 초기 학자들이 주목받았는데, 마쉬의 전기를 쓴 사람은 데이비드 로웬덜David Lowenthal이다.[33] 많은 전기 작품의 주인공으로 칭송받는 뮤어의 전기는 스티븐 폭스Stephen R. Fox, 마이클 코언Michael P. Cohen, 터먼 윌킨스Thurman Wilkins, 도널드 워스터가 쓴 전기가 대표적이다.[34] 스티븐 홈스Steven J. Holmes의 연구《청년 존 뮤어》[35]는 뮤어의 환경이 그의 지성을 발전시키는 데에 미친 영향을 추적했다. 자연주의자, 탐험가, 간척 주창자인 존 웨슬리 파월John Wesley Powell의 전기를 쓴 도널드 워스터의 저작은 타의 추종을 불허한다.[36]

진보적 자연보존운동의 지도자들도 전기 연구의 대상이 되었다. 그중에서도 헤럴드 핀켓Harold Pinkett과 차르 밀러가 저술한 기포드 핀쇼의 생애,[37] 시어도어 루스벨트의 자연보존 활동을 다룬 토드 벤슨W. Todd Benson과 폴 커트라이트Paul Cutright의 저작, 리시 오웬A. L. Riesch Owen의 프랭클린 루스벨트의 생애,[38] 그리고 데이비드 울너 David B. Woolner와 헨리 헨더슨Henry L. Henderson이 쓴 프랭클린 루스벨트 관련 편집본이 대표적이다.[39] 알도 레오폴드Aldo Leopold의 생애를 다룬 수잔 플래더Susan Flader의 감탄할 만한 전기《산처럼 생각하기》[40]와 레이첼 카슨에 대한 린다 리어Linda Lear의 전기야말로 생태학 시대의 여명을 밝힌 대표적인 수작들이다.[41]

미국 산림청은 환경, 특히 공공 토지를 관할한 정부 부처의 역사에서 큰 비중을 차지한다. "피트" 스틴H. K. "Pete" Steen과 새무얼 헤이스Samuel P. Hays가 각각 산림청의 역사를 연구했고, 폴 허트Paul W. Hirt는 이 기관에 대한 다양한 기록을 예리하게 살펴《낙관주의의 음모》[42]를 펴냈다. 다들 국립공원관리국을 중시했지만, 앨프리드 룬트Alfred Runte와 리처드 셀라스Richard Sellars는 다르게 생각했다.[43] 룬트는 국립공원 구상이 국가에 대한 자긍심을 높이기 위함이지 자연보존을 위한 것이 아니라고 보았다. 셀라스는 국립공원을 관리하는 정부 기관이 과학적인 탐사보다는 휴양관광에 더 많은 비중을 두었다고 비판했다.

각 국립공원의 개별적 역사에 대한 연구는 지금도 계속 진행되고 있다. 이 주제를 연구하는 환경사가들의 관심사는 성장하는 분야인 공공 역사의 관심사와 일치하는 경우가 많다. 공공 역사는 단순한 학문적 경계를 넘어 역사적 지식의 유용성을 강조하기 때문에 환경사의 실천적 응용을 포함한다. 1980년에 전국공공역사위원회NCPH가 조직되어 미국뿐 아니라 캐나다를 비롯한 영어권 국가들에서 활동 중이다.[44] 전국공공역사위원회와 미국환경사학회는 학술대회도 공동으로 개최하고 있다.

전쟁이 끝나고 환경에 대한 인식과 행동주의가 시작되던 시기에,

그림 8 미국 워싱턴주에 위치한 레이니어 국립공원의 중심지인 레이니어산. 활화산으로 높이가 4,932미터에 이르는 이 산은 1899년 국립공원으로 지정되었다. 1970년 저자 촬영.

미국 정부는 관련 법을 제정하고, 단순한 토지관리를 넘어 대기, 수질, 토양오염 규제, 위기종 보호, 옥외광고 제한 등 경관관리까지 포함하는 환경 영역 전반을 관리하기 시작했다. 환경법은 곧 법률교육의 한 분야가 되었다. 최근에 와서는 법률학자들이 환경사가들보다 환경법에 더 많은 관심을 보이고 있다.[45]

환경 분야의 비정부 단체는 그 수가 믿을 수 없을 정도로 많은데, 이는 그 자체로 환경운동의 약점이 될 수 있다. 가장 오래되고 가장 큰, 그리고 가장 영향력이 큰(비록 분열하기 쉽지만) 단체는 시에라클럽이다. 친절하고 정직한 마이클 코언Michael Cohen이 이끄는 이 단체는 여러 사안에 영향력을 행사해 왔다.[46] 그랜드캐니언 내 댐 건설 저지운동에 확실하게 성공한 시에라클럽의 복잡한 정치사는 바이런 피어슨Byron E. Pearson이 쓴《여전히 거친 강은 흐른다》에 잘 나와 있다.[47]

도시의 환경사는 미국의 도시인구가 점점 더 늘어나면서 중심 주제로 떠올랐다. 마틴 멜로시Martin V. Melosi는 이 분야에서 영민하고 글을 많이 쓰는 작가이다. 그가 쓴 가장 유명한 책 세 권은 쓰레기 처리를 다룬《도시의 음식 쓰레기》, 사회기반시설을 다룬《위생도시》, 에너지와 에너지 개발을 다룬《미국의 오수汚水》이다.[48]

도시환경의 또 다른 개척자인 조엘 타르Joel Tarr는 불후의 명작 《최후의 침몰 탐사》[49]를, 도시와 연관된 지역을 포함한 가장 저명한 도시환경 역사는 시카고를 연구한 윌러엄 크로넌의《자연의 메트로폴리스》[50]이다. 개별 도시의 환경 쟁점사를 다룬 저작은 많은데, 그 중에서도 로스앤젤레스를 다룬 마이크 데이비스Mike Davis의《공포의 생태학》과 뉴올리언스의 정치와 기반 시설을 다룬 아리 켈만Ari Kelman의《강과 도시》, 시애틀을 다룬 매튜 클링글Matthew Klingle의 《에머랄드 도시》가 수작으로 꼽힌다.[51]

환경정의Environmental justice는 불가피하게 도시 환경사와 연관되어 있는데, 소수자와 빈민들이 도시 주변부에 몰려 인구집중 현상이 일어났기 때문이다. 그러나 불행히도 농촌지역의 환경정의 관련 사례도 넘친다. 경제적 능력이나 정치적 세력이 없어서 부당한 정책 결정에 맞서지 못하는 약자들이 거주하는 지역에 오염 시설이나 위

그림 9 미국 네바다주에 위치한 라스베이거스 교외를 하늘에서 내려다본 모습. 교외 생활의 빠른 확산은 현대 환경사의 두드러진 측면이다. 2000년 저자 촬영.

험 시설을 짓는 사례를 연구하는 환경사가들도 있다. 마틴 멜로시는 〈공평, 환경인종주의, 환경정의운동〉[52]에서 환경사의 이런 측면을 연구하였다. 로버트 불라드Robert D. Bullard는 이 주제를 다룬 훌륭한 논문들을 모아《불평등한 보호》를 펴냈다.[53]

환경 분야에서 여성들의 역할은 처음부터 환경사 서술의 중요한 주제였다. 여기에는 환경운동을 이끈 여성 지도자들, 환경페미니즘 철학의 역사, 환경 개념 속에 들어 있는 어머니 대지와 가이아Gaea〔그리스 신화에 나오는 대지의 여신〕 같은 여성적 메타포 분석이 포함된다. 이런 이론 중에는 여성이 남성보다 자연에 가까우며, 그동안 남성이 자연과 여성을 비슷한 방식으로 지배해 왔다는 사고가 포함된다. 캐롤린 머천트의 책《지구 돌봄: 여성과 환경》은 이 모든 접근들을 다루었다.[54] 수잔 슈레퍼Susan R. Schrepfer의《자연의 신전》은 산에 관한 인식과 낭만주의 미학의 숭고sublime 개념을 사용하여 젠더와 환경주의를 연관짓는다. 제니퍼 프라이스Jennifer Price는 젠더 관련 환경 태도에 기초하여, 종종 조롱조가 섞이긴 했지만 20세기 초 여성들의 새털 모자 반대운동을 다루었다.[55] 엘리자베스 블룸Elizabeth D. Blum은 이 주제 전체를 아우르는 사학사 논문 〈미국 여성사와 환경사 연결짓기: 사학사 서문〉을 썼다.[56] 이 주제를 다룬 낸시 웅거Nancy C. Unger의 수작은 2012년에 출간되었다.[57]

환경사의 협력자들

환경사와 긴밀한 협력관계를 맺고 있는 역사학 분과들은 환경사보다 훨씬 앞선 시기에 독자적으로 출발했으나, 불과 지난 10여년 사이에 서로의 유사성을 인정하게 되었다. 기술사, 농업사, 삼림사가 이 분과들에 해당한다. 인간과 자연환경의 상호작용을 다루기 때문에, 환경사의 관점에서 이 주제들은 환경사 연구의 일부로 보일 수 있다. 이제 기술사가들과 환경사가들은 학술대회 세션을 공동 구성하고 있다. 농업사는 자치적인 성격이 더 강하지만, 이 분야의 양쪽 학자들도 상대방의 학술대회나 학술지에 논문을 발표한다. 삼림사와 환경사는 가장 가까운 사이다. 미국에서는 두 학회의 학회원과 임원이 상당수 겹치고, 지금은 공동 학술지도 발간할 정도이다.[58]

기술은 환경사에서도 빼놓을 수 없는 부분이다. 인간이 환경에 미친 영향은 대부분 여러 기술을 통해 이루어졌다. 인간종이 생태계 전체에 막강한 파괴자 역할을 할 수 있게 된 것은, 사실 기술 때문이다. 지난 2세기 사이에 더 광범위하고 급속한 환경 변화가 초래된 가장 큰 요인이 기술의 진보였다. 제프리 스타인Jeffrey K. Stine과 조엘 타르가 공동 집필한 논문 〈역사학의 교차점에서〉는 기술와 환경이 만나는 역사 서술을 안내하는 포괄적인 연구이다.[59] 캐롤 퍼셀 Carroll Pursell의 《미국의 기계》[60]는 환경 영역을 다룬 기술사 연구에 해당한다. 기술과 도시환경의 상호작용을 수많은 연구 중에는 마틴 멜로시의 연구가 눈에 띈다.[61] 양수water engineering 기술과 탄광의 역사는 서로 관련이 있는 하위범주에 속한다.

1958년, 기술의 발전과 기술 발전이 사회·문화와 맺는 관계에 대한 연구를 촉진시키고자 기술사학회SHOT가 발족했다. 기술사 연구 중에는 오염과 같은 명백한 환경적 결과를 고려하지 않는 연구가 많다. 많은 기술사가들이 이를 불운한 방법론적 빈틈으로 인식하기 시작했고, 기술사와 환경사 간의 공통점을 깨달았다. 그 결과, 기술사학회 회원들이 "환경기술"이라는 모임을 구성했고, 학술대회에서 미국환경사학회 학술 모임과 공동 세션을 마련하고 있다. 2001년부터는 인터넷 소식지를 발간하기 시작했다.[62] 돌리 요르겐센Dolly Jørgensen, 핀 요르겐센Finn Arne Jørgensen, 사라 프리처드Sara P. Pritchard

그림 10 인도네시아의 보로부두르 인근 자바에서 소를 이용을 논을 가는 모습. 농업사는 환경사와 매우 인접한 분야이다. 1994년 저자 촬영.

가 편집한 탁월한 연구서《새로운 자연》은 환경사와 기술 연구를 결합시켰다.[63]

농업사는 시초부터 환경사의 무게중심에 가까운 곳에 자리를 잡았던 것 같다. 인류는 1만 년 이상 농사를 지었고, 5천 년 동안 자연으로부터 얻었던 음식을 농업으로 얻게 되었기 때문이다. 야생동식물의 이용이라는 대안은 상대적으로 적은 비중을 차지했다. 사냥은 이제 전 세계 단백질 수요의 극소량만을 담당하고, 어업은 수산업으로 대체되고 있다.

앨프리드 크로스비가 지적했듯이,[64] 농업사는 세계와 북미에서 환경사 개념이 탄생하는 추진력을 제공했다. 피에르 푸아브르, 알렉산더 폰 훔볼트Alexander von Humboldt, 조지 퍼킨스 마쉬, 제임스 말린은 환경 변화를 농업 잠식의 결과로 관찰한 학자들이다.[65] 마트 스튜어트는 이 흐름을 쫓은 논문을 발표했다.[66] 환경사 학술지에 실린 많은 논문들이 농업사적 주제를 다루고 있다.

1919년에 농업사학회AHS가 조직되고, 1926년에는 이 학회의 학술지인《농업사Agricultural History》가 출간되었다. 이 학술지에는 환경사적 주제를 다룬 논문이 많이 실렸다. 이 학회의 공식 목표는 농촌사회에 대한 연구와 출판을 촉진하는 것이다. 이 학술지의 내용 목차를 읽어 보면 경제사를 강조하고 것처럼 보이지만, 이러한 단어 선택으로 볼 때 농촌 사회사에 집중하고 있음을 알 수 있다. 최근 농업사가들이 관심을 갖는 것은 지속 가능한 농업이론으로, "농생태학agroecology"이라는 용어로 농업 생태 개념과 방법론을 검토하고 있다.

마이클 윌리엄스Michael Williams는 세계 삼림의 역사를 다룬 기념비적인 역작《지구의 삼림파괴》에서 "사람이 전기傳記를 갖듯, 숲도 해명되고 기록될 자기 역사가 있다"고 말한다.[67] 환경사보다 오래된 분야인 삼림사는 유럽, 미국, 특히 인도에서 발전했다. 삼림사에 대한 관심은 대부분 삼림산업의 대표, 관리자, 삼림지기들이 제기한 것으로, 그들은 삼림을 착취하고 목재를 가공하는 행위와 목재 가공이 기록할 만한 가치가 있는 일이라고 보았다. 예컨대, 미국의 삼림사학회FHS는 1946년 미네소타 역사학회 안에 결성된 목재사협회에서 유래했다. 미국삼림사학회는 1959년부터 예일대학교, 산타쿠

르즈 캘리포니아대학교 등지에 본부를 두었다가, 1984년 노스캐롤라이나의 듀크대학교 주변으로 옮겨 와 지금까지 이어지고 있다.[68] 미국삼림사학회는 학술지 등 의욕적인 출판 프로그램 외에 세계에서 가장 완벽한 삼림사 도서관과 문서 보관소를 설립했다. 이곳에는 삼림 및 자연보존의 역사, 아울러 환경사 관련 각종 데이터베이스와 구술사 자료가 소장되어 있다. 1996년, 미국삼림사학회는 미국환경사학회와 협력하여 공동 학술지 《환경사Environmental History》를 출간했다. 특히 미국의 삼림사 관련 문헌은 방대하다. 앞서 언급한 마이클 윌리엄스의 책과 다른 책 《미국과 삼림》, 그리고 토머스 콕스Thomas R. Cox, 로버트 맥스웰Robert S. Maxwell, 필립 토머스Philip D. Thomas가 공동 편찬한 《이 무성한 나무의 나라》는 이 분야에 대한 전체적인 개관을 제공한다.[69]

미국 환경사가들이 20세기 마지막 25년 동안 환경사의 탄생에 지대한 공헌을 한 것은 부인할 수 없는 사실이다. 그러나 그 점이 미국 환경사가들에 의해 부풀려진 것 또한 사실이다. 남아시아와 아프리카에서 자행된 유럽 제국주의를 연구한 영국 학자 리처드 그로브는 미국 환경사가들의 연구 범위가 너무 협소한 경향이 있다고 비판했다. 그들의 연구는 미국의 자료만을 바탕으로 이루어지기 때문에 대서양이나 리오그란데강은 물론이고, 캐나다 국경 너머조차 보지 못한다는 것이다. 그로브는 미국의 환경사가들이 집착하는 논제들은 19세기와 20세기 초반에 이미 유럽 역사지리학자들이 제기한 것이 많고, 미국과 유사한 예는 다른 곳에도 많다고 지적한다. 그는 미국의 환경사 학자들을 무시하는 것이 아니라, 엘즈워스 헌팅턴 Ellsworth Huntington, 엘런 처칠 셈플Ellen Churchill Semple, 칼 오트윈 사우어Carl Ortwin Sauer, 클라렌스 글랙켄 같은 환경사와 관련해 가장 중요한 학자들은 지리학자인 경우가 많다고 지적한 것이다. 마지막에 언급된 글랙켄은 "환경사"라는 용어가 현재의 의미로 쓰이기 전인 1960년대에 이미 좋은 책을 저술한 지성사가이기도 했다.

환경사가 역사학의 하위 분과로 머물던 초창기 때, 미국의 환경사가들은 조지 퍼킨스 마쉬를 환경사의 신성으로 추종했다. 그러나 그들은 마쉬의 책《인간과 자연》이 로마제국에서 시작하여 유럽, 지중해를 넘어 미국까지 폭넓게 서술했고, 그가 이탈리아에서 30년간 살았다는 사실, 그리고 인간이 초래한 환경 변화에 대한 그의 인식이 프로이센 출신 알렉산더 폰 훔볼트, 영국 경제학자 존 스튜어트 밀John Stuart Mill, 제국주의 과학자 휴 클레그혼Hugh Cleghorn와 존 크롬비 브라운John Croumbie Brown의 인식과 비슷하다는 사실을 쉽게 망각하는 경향이 있었다.[70]

21세기로 접어들며 미국 환경사가들의 고립주의는 완전히 사라지지는 않았어도 일정 부분 극복되었다. 결국, 수많은 미국의 학자들이 지구적 또는 비미국적 분야를 연구하기 시작했다. 여전히 미국을 연구하는 학자들도 비교사적 주제를 고민한다. 마커스 홀Marcus Hall은 이탈리아와 미국의 환경 복원을 비교하는 흥미로운 연구를 진행했다.[71] 또한 유럽 학회, 세계 학술대회 등을 조직하여 미국 환경사가들이 다른 지역의 연구자들과 교류할 기회를 마련하고 있다.

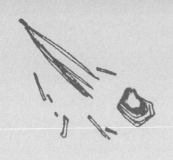

4장

지방, 지역, 국가의 환경사

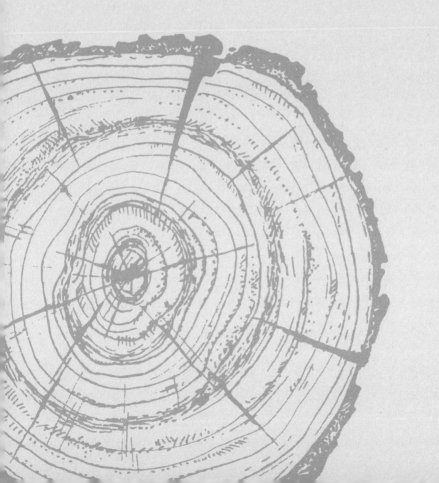

이제는 미국 이외에 지역에서도 지역적 · 국가적 · 지방적 환경사 문헌이 다양하게 나오고 있다.[1] 이 연구들은 미래의 세계 환경사 발전의 토대가 될 것이다. 확실히 지구적인 것은 지역적인 것에 기반해야 한다. 이러한 연구들은 지방, 국가, 지역 단위에서 작업하는 학자들에 의해 이루어지고 있다. 이 학자들은 자기 나라의 환경사를 연구하는 국제적인 모임을 조직하고, 다른 나라들도 이 대열에 동참하기를 기대하고 있다. 환경사에 관심을 갖는 전 세계 조직과 연구소들이 종횡적 학문 경계를 넘나들며 함께 연구할 수 있는 구조적 기틀을 마련하고자, 국제환경사조직컨소시엄ICEHO이 2009년 코펜하겐과 말뫼에서 첫 국제회의를 개최했다. 이 회의를 통해 세계 각지에서 온 환경사가들이 국제적인 학문 교류의 기회를 얻었다. 두 번째 국제회의는 2014년 포르투갈의 기마랑이스에서 개최되었다.

환경사 학자들 중에는 자기 나라가 아닌 타 지역을 연구 대상으로 삼는 경우가 많다. 특히 북미, 오스트레일리아, 유럽의 학자들이 그렇다. 예컨대, 네덜란드 환경사가들은 인도네시아에 관한 연구를 진행하고 있다. 과거 식민 관계에서 나오는 인적 관계와 자료들이 있기 때문이다.[2] 자국과 외국을 모두 아우르는 연구 사례로는 오스트레일리아 학자 팀 플래너리Tim Flannery를 들 수 있다. 그는 하버드에서 교환교수로 오스트레일리아 역사를 가르치며, 오스트랄라시아Australasia의 환경사를 다룬《미래의 포식자》[3]뿐만 아니라《영원한 개척자: 북아메리카 사람들의 생태사》[4]를 저술했다.

세계의 환경사를 연구하는 학자라면 반드시 살펴봐야 할 훌륭한 지역연구는 마하브 갓길Madhav Gadgil과 람찬드라 구하Ramchandra Guha가 쓴《갈라진 이 땅: 인도의 생태사》[5]이다. 두 저자는 남아시아 인도 대륙에 관한 연구를 세계 환경사의 철학 안에 설정하는데, 이는 선사시대부터 산업시대로 확장되는 흥미로운 시도이다.

1982년 1월, 어바인 캘리포니아대학교에서 열린 미국환경사학회의 첫 학술회의에서 도널드 워스터는 〈국경 없는 세계: 환경사의 세계화〉라는 제목의 기조연설을 했다. 이 연설문은 후에《환경비평 Environmental Review》(지금의《환경사》)에 실렸다.[6] 그는 연설에서 "촌스럽고" 지방적인 것에서부터 전문적이고 글로벌한 것으로 이동하는 현대 문화의 여러 변이들로 인해 역사가들이 빠지게 된 궁지를 설명할 "포스트민족주의적 종합"을 요구했다.

비록 이 역사학의 하위 분과는 시작부터 연구의 핵심을 미국적 주제에 두어야 한다고 주장했지만, 워스터의 연설은 많은 연구자들의 공감을 일으켰다. 1982년의 학술회의 자료집에는 26편의 논문이 실렸는데, 그중 10편이 세계적인 주제를 다루거나 비미국적 주제를 다루었다. 4편은 비미국 출신 학자들의 논문이었다.[7] 국제적 쟁점을 다룬 1984년의《환경비평》특집호에는 오대륙을 다룬 논문 5편이 실렸다.[8] 이 밖에도《환경과 역사Environment and History》,《자본주의, 자연, 사회주의Capitalism, Nature, Socialism》,《생태정치학Écologie Politique》,《세계사 저널Journal of World History》,《태평양 역사비평 Pacific Historical Review》,《지구환경Global Environment》 등의 정기간행물이 초국가적 환경사에 지면을 개방했다. 그야말로 초국가적 환경사 자체가 전 세계적으로 확대되고 있다. 비록 워스터는 환경사가들이 조직을 갖춘 사례로 프랑스와 영국만을 언급했지만, 오늘날 이 주제를 이야기하려면 유럽 환경사학회, 급성장하는 라틴아메리카 환경사가 단체, 남아시아, 동아시아, 남아프리카, 오스트레일리아, 뉴질랜드 등 더 많은 나라들의 사례를 논의해야 한다.

캐나다

캐나다의 환경사학계는 남쪽의 이웃 나라인 미국과 별개로 다루어야 한다. 물론, 두 북미 국가의 환경사가들은 매우 활발히 교류하고 있다. 상대국의 학술회의에 참여하고, (이 책을 집필할 때에도) 미국 환경사학회는 캐나다의 빅토리아와 토론토에서 두 차례 만났다. 그러나 많은 환경적 주제에서 캐나다 환경사가들은 그들만의 독특한 관점을 갖고 있다. 이는 영국제국, 영연방과의 역사적 교류 및 캐나다 내에서 영어가 아닌 프랑스어를 사용하는 퀘벡주의 존재와 무관하지 않다.

브린튼 출신 피터 코츠Peter Coates는 캐나다와 미국의 차이점을 논했다.[9] 브리티시콜럼비아대학교의 그레이엄 윈Graeme Wynn과 매튜 에벤든Matthew Evenden은 캐나다 환경사를 쟁점별로 분석한 사학사 연구를 제시했다.[10] 윈은《기원전 연구》특집호〈환경에 관하여〉를 객원 자격으로 편집했고,《캐나다와 극한의 북아메리카》라는 책을 출간했다.[11] 앨런 맥이천Alan MacEachern과 윌리엄 터켈William J. Turkel 의《캐나다 환경사의 방법과 의미》라는 책은 추천할 만하다.[12] 2012 년에 로라 맥도웰Laura Sefton MacDowell이 저술한 개설서《캐나다의 환경사》가 출간되었다.[13]

2007년에는 '캐나다 역사와 환경 네트워크NiCHE'라는 이름의 연구 공동체가 탄생했다. 이 공동체는 훌륭한 웹사이트(niche-canada.org) 를 보유한 적극적인 단체로, 캐나다 환경사 연구를 위한 팟캐스트를 매달 후원하고 있다.

시어도어 비넨마Theodore Binnema, 더글러스 해리스Douglas Harris, 아더 레이Arthur J. Ray, 조디 덱커Jody F. Decker, 메리 엘런 켈름Mary-Ellen Kelm, 한스 칼슨Hans Carlson 등의 연구는 캐나다에서 종종 1착 국 민이라고 불리는 아메리카 원주민의 환경사와 유럽과의 접촉, 식민 주의, 전염병의 영향을 대변한다.[14]

또 다른 중심 주제는 자원 개발과 환경 변화를 수반한 침략자들의 정착이다. 이 주제에 대해서는 닐 포키Neil Forkey, 매튜 하바니Matthew Harvany, 클린트 에반스Clint Evans의 지역연구가 있고,[15] 개발과 사회 적 갈등의 관계를 분석한 리처드 라잘라Richard Rajala, 장 마노레Jean Manore, 매튜 에벤든의 연구가 포함된다.[16]

미국에서처럼 캐나다 환경사에서도 야생과 야생동식물은 중요한 연구 주제이다. 티나 루Tina Loo, 존 샌들로스John Sandlos가 대표적인 연구자이고, 두 나라의 야생 협정에 관한 연구를 수행하는 커크패트릭 도시Kurkpatrick Dorsey도 있다.[17] 환경과 관련된 과학사, 특히 생태사는 수잔 젤러Suzanne Zeller와 스티븐 보킹Stephen Bocking이 연구했고, 스티븐 캐스턴과이Stephane Castonguay는 경제곤충학의 중요한 역사에 대해 썼다.[18] 마지막에 언급할 연구가 프랑스어로 저술되었다는 점은 의미심장하다. 프랑스어를 사용하는 퀘벡의 환경사가들은 관련 학술대회를 개최하고 있으며, 점점 더 많은 문헌이 출간되고 있다. 그중에서 몬트리얼 교외에서의 휴식과 시골집 생활을 다룬 미셸 다쥬네Michelle Dagenais의 논문은 언급할 만하다.[19]

캐나다의 도시환경사는 특히 연구가 많이 이루어진 주제이다. 2005년, 스티븐 보킹은 《도시사 비평Urban History Review》〈도시의 자연〉 특집호를 객원으로 편집하며 다양한 문제들과 그 접근 방법을 다루었다.[20] 수변 지구의 환경적 부정의 문제를 다루면서 켄 크뤽생크Ken Cruikshank와 낸시 부시에Nancy Bouchier는 산업적 병인病因을 조사했다.[21] 스티븐 캐스턴과이와 미셸 다쥬네는 몬트리올의 환경사를 다룬 논문 모음집을 편집했다.[22]

젠더와 자연의 상호연관성 문제를 사회적 구성물로 보는 케이트 샌딜랜드Cate Sandilands와 티나 루의 연구가 있다. 티나 루는 사냥대회의 젠더적 측면을 연구했다.[23] 사냥은 종종 한쪽 성의 특징으로 간주되어 왔지만, 최근 연구는 그러한 주장이 틀렸음을 증명했다.

캐나다의 연구는 캐나다 역사에만 국한되지 않는다. 예컨대, 리처드 호프먼Richard Hoffmann은 중세 유럽 환경사 분야의 세계적 학자이다.[24]

유럽

북미 외의 다른 지역에서 수행된 환경사 연구를 간략하게 살펴보려면, 먼저 유럽부터 시작해야 한다. 비록 유럽의 학자들이 훨씬 더 일찍부터 이 주제를 다루었지만, 환경사 연구의 체계화와 조직화는 유럽이 북미에 뒤졌다.

학술지《환경과 역사Environment and History》는 1995년 영국에서 리처드 그로브의 편집으로 발행되기 시작했다. 이 학술지의 내용은 결코 유럽적 주제들에만 국한되지 않았다. 이 학술지의 첫 호에는 중국, 아프리카, 동남아시아에 관한 논문이 실렸다. 1999년에 발족한 유럽 환경사학회ESEH는 2001년 스코틀랜드의 세인트앤드루스에서 첫 학술대회를 열었다. 이후로 2년마다 학술대회가 열린다. 유럽 환경사학회는 세계 각지에 지부를 두고 러시아를 포함한 모든 대륙의 환경사가들과 교류하고 있다. 네덜란드의 에른스트 에버하르트 만스키Ernst-Eberhard Manski는 유럽 환경사학회의 후원 아래 유럽 환경사 연구 목록 데이터베이스를 여러 언어로 구축하고 있다.

베레나 비니바르터Verena Winiwarter가 편집한 특집호 〈유럽 환경사, 1994~2004〉는 유럽 환경사의 최근 성과를 잘 보여 주는 길라잡이 역할을 한다.[25] 이 특집호 논문에는 여러 나라에서 이루어진 연구들을 조명하는 12명의 저자가 작성한 사례연구가 포함되어 있다. 마크 시오크Mark Cioc, 비요른 올라 린네르Björn-Ola Linnér, 매트 오스본Matt Osborn이 먼저 출간한 논문은 북유럽 환경사를 다룬 문헌들을 집중 조명했다.[26] 마이클 베스, 마크 시오크, 제임스 시버트James Sievert의 공동연구는 남부 유럽을 아우른다.[27]

유럽 환경사의 범위는 2003년 체코공화국 프라하에서 있었던 ESEH의 제2회 학술대회 자료집《다양성 다루기》와 2005년 이탈리아 피렌체에서 열렸던 제3회 학술대회 자료집《역사와 지속가능성》에서 실감할 수 있다. 두 자료집에는 모두 140편의 발표문이 실려 있는데, 필자 대부분은 유럽인이다.[28] 이 자료집이 주는 인상은 유럽 환경사가들이 북미의 환경사가들보다 훨씬 더 과학적인 접근 방식을 선호한다는 점이다. 유럽 환경사 논문집으로는 영국인 피터 브림블콤Peter Brimblecombe과 스위스인 크리스티안 피스터가 편집한 《조용한 카운트다운》을 예로 들 수 있다.[29] 핀란드인 티모 밀린타우스Timo Myllyntaus와 미코 사이쿠Mikko Saikku는《자연의 과거와의 만남》이란 논문집을 편찬했다.[30]

영국 환경사를 살펴보려면, 매트 오스본의 〈영국 환경사 분야의 파종〉을 보면 된다.[31] 영국은 인간 활동의 결과로 바뀐 경관변화를 연구해 온 좋은 전통이 자리잡혀 있다. 영국의 역사지리학자들이 환경사 범주에 들어가는 좋은 연구들을 다수 수행했다. 환경사가

정식 학문 분야로 인정받기 전에 나온 호스킨스W.G. Hoskins의 《영국 풍경의 형성》[32] 같은 연구가 대표적이다. 1973년에 다비H. C. Darby는 《영국의 새로운 역사지리학》이라는 영향력 있는 책을 저술했다.[33] 지리학자 시몬스I. G. Simons는 대단히 적극적인 환경사가로서 영국과 세계, 그리고 환경사 이론에 관해 저술했다.[34] 그 가치에 비해 제대로 연구된 적이 없는 시기인 영국 근대 초기의 환경적 태도와 철학은 키스 토머스Keith Thomas가 분석했다.[35] 또 다른 최신 연구는 존 시에일John Sheail의 《20세기 영국의 환경사》이다.[36]

경관의 역사는 올리버 래컴Oliver Rackham의 연구가 생생하게 보여준다. 그는 생태학의 원리에 세심한 주의를 기울여 영국 시골의 역사를 묘사하고 다양한 화보와 함께 여러 권의 책으로 출판했다.[37] 클랩B. W. Clapp의 《산업혁명 이후의 영국 환경사》[38]와 피터 브림블콤의 매력적인 연구 《큰 연기》[39]는 산업 성장에 따른 오염과 이를 방지하려는 여러 노력을 추적한다. 브림블콤은 대기오염에 더 집중한 반면에, 데일 포터Dale H. Porter는 《템스의 제방》에서 런던 강의 수질 오염, 오물, 악취, 운하 개발을 다루었다.[40]

스코틀랜드는 특히 환경사가들이 연구하기 좋은 환경이다. 스코틀랜드 학자 중에는 저명한 역사가 스모트T. C. Smout가 있다. 그는 영국의 북쪽 지역에 관한 서적을 여럿 집필하고 편찬했는데, 그중에서 《자연 논쟁》과 《스코틀랜드의 사람과 숲》이 주목할 만하다.[41] 피오나 왓슨Fiona Watson은 환경사의 관점에서 스코틀랜드 역사에 접근하여 《스코틀랜드: 선사시대부터 현재까지》와 같은 여러 권의 책을 썼다.[42] 스모트와 왓슨은 앨런 맥도날드Alan MacDonald와 함께《스코틀랜드 원시림의 역사, 1520~1920》를 공동집필했다.[43] 스모트와 메리 스튜어트Mairi Stewart가 공동집필한《4번의 첫 번째》는 스코틀랜드 일부 지역의 지역 환경사를 제공했다.[44] 스모트는 스코틀랜드의 세인트앤드루스대학교 환경사연구소의 정신적 지주 같은 존재다.

2009년 더블린의 트리니티대학에서 출발한 아일랜드 환경사네트워크IEHN는 다양한 학문 분야의 회원들이 참여하는 모임을 주선하고 있다. 포울 홀름Poul Holm은 트리니티대학에서 새로운 인간 조건을 연구하는 관측소를 개소했다.[45]

프랑스는 환경사의 전통이 있는 나라에 속한다. 프랑스는 피에르 푸아브르를 낳고, 훗날의 뤼시엥 페브르, 페르낭 브로델, 에마뉘엘 르 루아 라뒤리 등 아날학파의 위대한 저술가들을 배출한 나라이다. 1993년, 저 유명한 학술지《아날》이 자체적으로 환경과 역사에 관한 특집호를 발행했다.[46] 프랑스의 과학사가들은 생태사에 대한 탁월한 연구를 수행했다. 그중에서 파스칼 아콧Pascal Acot과 드루앙J. M. Drouin이 주목할 만하다.[47] 아콧은 기후와 환경철학의 역사를 다룬 방대한 책을 저술하기도 했다. 노엘 플락Noelle Plack은《공유지, 와인, 프랑스혁명》을 출간했다.[48] 2015년 유럽 환경사학회는 베르사유에서 만났다.

프랑수아즈 도본Francoise D'Eaubonne는 1974년에 출간한《페미니즘 아니면 죽음!》에서 "에코페미니즘ecofeminism"이라는 용어를 처음 사용하여 전 세계적인 반향을 불러일으켰다.[49] 국가와 공공의 역사

에 관해서는 조제프 스자르카Joseph Szarka와 에밀 레이노Emile Leynaud
의 연구가 있다.[50] 임학이 처음 시작된 국가답게 삼림사에 관한 문헌
은 방대하다. 앙드레 코르볼Andree Corvol과 루이 바드레Louis Badré가
이 분야의 대표적인 작가들이다.[51] 현대 프랑스의 환경에 대한 연구
는 네보이 길호R. Neboit-Guilhot와 다비L. Davy의《프랑스인과 환경》[52],
미카엘 베스Michael Bess의《연초록 사회》[53]가 훌륭하다. 크리스토프
베르나르Christoph Bernhardt, 제네비에브 마사르 길보Genevieve Massard-
Guilbaud 등은 학술대회를 조직하고 도시 환경사를 주제로 자료집을
간행하고 있다.[54]

독일, 오스트리아, 스위스를 포함한 유럽의 독일어권 국가들은 지
난 몇 십 년 사이에 전 환경사 분야에서 큰 진보를 이루었다. 빈의
베레나 비니바르터가 쓴《환경사 입문》[55]은 내가 영어로 전달하려
고 했던 내용을 독일어로 전달한 책이다. 또한 비니바르터는 오스
트리아 알펜 아드리아 대학교 환경사센터ZUG 조직에 앞장섰다. 베
른의 크리스티안 피스터는 서유럽의 과거 기후를 재구성하는 노력
을 기울이고 있다.[56]

가장 주목할 만한 당대의 저술가는 요아힘 라드카우Joachim Radkau
이다. 그는《자연과 권력》[57]과《생태의 시대》를 저술했는데 기술
과 경제, 정치를 폭넓게 다루었다. 프랑크 우에쾨터Frank Uekötter는
나치 정권에서 환경주의가 수행한 역할을 책으로 집필했다.[58] 안
나 브람웰Anna Bramwell 같은 작가들은 자연보존과 파시즘을 연결시
켰다.[59] 나치 정권은 자연과 민족주의를 연결하여 선전했지만, 마

크 시오크는 최근 글에서 "실제로 … 나치는 무시무시한 경제회복과 군사력 증강에 전념했을 뿐, 자연보호에는 신경 쓰지 않았다. 12년(1933~1945)간의 공포정치는 아찔할 정도의 대기오염과 수질오염을 유산으로 남겼다"라고 담담하게 썼다.[60] 시오크는 라인강에 대한 의미심장한 환경사 연구서를 썼다.[61] 전쟁 이후 독일의 환경주의에 대해서는 레이몬드 도미니크Raymond Dominick가 쓴《독일의 환경운동》[62]이 있고, 마르쿠스 클라인Markus Klein과 위르겐 팔터Jürgen W. Falter가 쓴《녹색당의 장구한 길》[63]을 포함한 독일 녹색당 연구가 여럿 있다. 녹색운동은 서유럽 국가 대부분의 정치에 영향을 미쳤지만, 그 정점에 도달한 곳은 독일이었다.

2009년, 환경인문학과 사회과학 연구 및 교육을 위한 국제센터인 '환경과 사회를 위한 라헬 카슨 센터The Rachel Carson Center for Environment and Society'가 특히 환경사에 강조점을 두고 독일 뮌헨에 문을 열었다. 루트비히 막스밀리안 뮌헨대학교와 독일국립박물관이 협력 파트너가 되었다. 위대한 환경운동가의 이름을 딴 이 센터의 집행부와 연구원들은 세계 각지 출신으로, 이곳에서는 주로 영어를 사용한다. 이 센터의 유명한 영어 출판물은《역사 속 환경The Environment in History》이고, 독일어 출판물은《환경과 사회Umwelt und Gesellschaft》이다. 인쇄 저널《지구 환경Global Environment》과 온라인 저널《라헬 카슨의 시각Rachel Carson Perspectives》이 나온다. 2013년, 유럽 환경사학회가 이곳에서 의욕적인 학술대회를 치렀다.

네덜란드와 벨기에의 환경사가들도 중요한 연구를 여럿 했는데,

간척지의 역사를 다룬 논문집《인간이 만든 저지대》[64]를 쓴 반 드 벤 G. P. van de Ven과 자연보존운동의 역사를 연구한 반 데어 빈트H. J. van der Windt가 대표적인 연구자들이다.[65]《생태사 연보》가 네덜란드 어로 발행되고 있다.[66] "바다에 맞선 네덜란드" 같은 표현에서 알 수 있듯이, 저지대 측량과 물관리에 관한 역사적 관심 덕분에 지역 연구를 하는 많은 환경사가들이 물의 역사에 관심을 둔다는 것은 그리 놀랄 만한 일이 아니다. 이 중 대표적인 학자는 페트라 반 댐Petra J. E. M. van Dam이다. 그는 근대 초기의 라인란트를 연구했다.[67] 더 이른 시기의 연구로는, 윌리엄 트브레이크William TeBrake의《중세의 개척: 라인란트의 문화와 생태》[68]가 있다. 피트 니엔휘스Piet H. Nienhuis 는 라인-모젤강 델타 지역의 환경사 연구서를 썼다.[69]

벨기에 환경사는 크리스토프 페어브루겐Christophe Verbruggen, 에릭 토엔Erik Thoen, 이자벨 파르멘티어Isabelle Parmentier가 공동집필한 논문이 대표적이다.[70] 좀 더 넓은 지리학의 틀에서, 앤드류 재미슨 Andrew Jamison, 론 아이어맨Ron Eyerman, 재클린 크라머Jacqueline Cramer 는 스웨덴, 덴마크, 네덜란드 환경운동 비교연구를 편찬했다.[71]

《발틱국가 환경사의 교훈》은 발틱해 지역의 환경사를 다룬 유용한 교사용 교본으로, 유네스코의 후원를 받아 발틱해 프로젝트팀과 말뫼대학이 제작했다.[72]

북부 유럽(핀란드, 스웨덴, 덴마크)은 환경사의 본격적인 활동 무대이다. 티모 밀린타우스Timo Myllyntaus의 영어 논문 〈초록색 잉크로 과거 서술하기〉[73]는 핀란드 환경사의 사학사라는 독특한 주제를 다루고 다양한 관련 정보를 제공하는 훌륭한 논문이다. 환경사를 뜻하는 핀란드 단어 '음빼리스뙤히스토리아ympäristöhistoria'는 1970년 대에 만들어진 신조어로, 밀린타우스는 핀란드 경관 연구의 초창기를 추적하여 "본능적인 환경의식"이 이 단어의 선례라고 주장한다. 핀란드의 환경 연구는 기후, 삼림, 수자원, 경관에 집중된다. 국제적인 인사들이 참여한 중요한 환경사 학술대회가 1992년 호수 지역인 람니Lamni에서, 2005년에는 뚜르끄Turku에서 열렸다. 우르요 하일라 Yrjö Haila와 리처드 레빈스Richard Levins는 생태학과 과학, 사회를 연결하여 집필했다.[74] 유시 라우몰렝Jussi Raumolin은 삼림과 탄광의 역사와 기술, 유럽 경제로 통합되는 역사적 과정을 여러 권의 책으로 출간했다.[75] 시모 라코논Simo Laakkonon은 헬싱키와 스톡홀름의 물보호, 물과 천연자원에 관한 연구를 수행했고,[76] 발틱해 거버넌스에 관한 팀프로젝트 연구에 참여했다.[77]

에스토니아환경사센터KAJAK는 탈린대학교 역사연구소와 협력관계를 체결했다. 2012년, 울리케 플라트Ulrike Plath는 에스토니아 환경사의 기원과 성장에 대해 서술했는데, 다른 발틱국가도 일부 다루었다.[78]

스웨덴에는 여러 연구소와 함께 적극적으로 활동하는 환경사 연구공동체가 있다. 우미아대학교의 환경사학과, 움살라대학교의 환경개발연구소, 룬드대학교의 인간생태학과가 대표적이다. 움살라대학교에는 글로벌 환경사 전공 박사과정이 개설되어 있다. 스웨덴의 대표적인 학자는 스베르케르 소를린Sverker Sorlin이다. 소를린은 앙데스 상드배리L. Anders Sandberg와 함께 논문집《지속가능성, 도전》을 편찬했다.[79] 앙데스 오케르만Anders Ockerman은 웁살라 프로그램의 책임자로, 소를린과 함께 글로벌 환경사를 집필했다.[80] 토르킬드 캬라가르드Thorkild Kjaeragaard의《덴마크 혁명, 1500~1800: 환경사적 해석》은 근대 초기를 다룬 연구이다.[81]

체코공화국의 환경사 연구는 1980년대 후반에야 등장했다. 그러나 프라하 찰스대학교의 레오 엘레첵Leos Jelecek 같은 역사지리학자들의 자극으로 부분적으로 큰 진전을 이루었다. 유럽 환경사학회의 제2회 학술대회가 2003년 프라하에서 열렸다. 이 학술대회 자료집에는 체코와 슬로바키아 학자들의 흥미로운 연구 논문이 많이 실려 있다.[82] 체코 학자들의 작업은 토지 사용, 지표면 변화, 역사기후학 같은 장기적인 탐구 노선을 포괄한다. 체코지리협회는 역사지리 및 환경사 연구 분과협회로, 인터넷 저널《클라우디안Klaudyan》을 발행한다.

헝가리의 환경사는 역사지리학의 배경과 함께 등장했다. 이제 헝가리 대학들에는 환경사 과정이 개설되어 있다. 러요쉬 라츠Lajos Rácz의《16세기 이후의 헝가리 기후 역사》와《유럽행 스텝지대: 헝가리 환경사》가 주목할 만한 연구이다.[83] 일련의 중요한 논문들이 요시프 라슬롭시키Jóoszef Laszlovszky와 피테르 싸보Peter Szabó가 편찬한《역사적 시각에서 본 사람과 자연》에 실려 출간되었다.[84] 2013년, 《환경과 역사》에 헝가리 환경사의 흐름을 다룬 안드레아 키스Andrea Kiss의 해박한 연구 노트가 실렸다.[85]

크로아티아 환경사의 첫 번째 공식 행사는 2000년에 '트리플렉스 컨피니움' 프로젝트의 일부로 자다르대학교에서 개최된 국제 심포지움이었다.[86] 다른 프로젝트와 세미나가 뒤따라 열렸는데, 여기에는 역사 교사를 비롯한 여러 선생님들이 참여했다. 자그레프대학 역사학과에 "환경사" 대학원 과정이 개설되었고, 흐르코예 페트리치Hrcoje Petrić가 주임교수를 맡았다. 2005년, 크로아티아 경제사환경사학회가 발족되었고, 학술지 《경제사-생태사Economic- and Eco history》를 발행하면서 학술회의를 계속 후원하고 있다. 환경사 고전들이 크로아티아어로 번역되었는데, 이 책의 초판본도 포함되었다. 보르나 퓌르스트 브엘리스Borna Fuerst-Bjelis가 편집한 이 책의 번역서에는 〈크로아티아에서 환경사란 무엇인가?〉라는 후기가 실려 있다. 아울러 1990년부터 2011년까지의 연구를 총망라하는 방대한 분량의 연구 목록이 부록으로 실려 있다.[87] 흐르코예 페트리치의 크로아티아 환경사 연구에 관한 탁월한 논평이 2012년 《환경과 역사》에 실렸다.[88]

　러시아의 환경사는 러시아과학원 과학기술역사연구소의 여러 학자들의 관심사이다. 유리 차이콥스키Yuri Chaikovsky, 안톤 스트루치코프Anton Struchkov, 갈리나 크리보셰이나Galina Krivosheina가 대표적이다. 러시아와 소련을 연구하는 대표적인 미국 학자인 더글러스 바이너Douglas R. Weiner는 러시아 환경사에 관한 여러 가지 연구를 수행했다. 소련 초기의 자연보호를 분석한 《자연의 모델》[89]과 소련의 환경단체들이 과학자와 체제 비판가들의 보호막이 되었다는 사실을 보여 준 《해방의 모퉁이》[90]가 주목할 만하다. 《세계환경사사전》에 실린 바이너의 논문 〈러시아와 소련〉은 유용한 연구 목록을 제공한다.[91] 폴 조셉슨Paul Josephson이 다른 나라의 연구자들과 함께 집필한 《러시아 환경사》는 러시아와 과거 소비에트연방의 환경사를 19세기부터 21세기 초까지 다루고 있다.[92]

지중해

중앙의 바다를 중심으로 주변 지역이 통합되는 특징이 있는 지중해의 생태계는 특이할 수밖에 없다. 지중해 북쪽의 나라들은 유럽에 속한다. 그래서 앞에서 일부 언급되기도 했다. 지중해 전체의 환경사는 존 맥닐의 《지중해 세계의 산들》[93]에서 잘 다루어졌다. 맥닐은 지중해의 대표적인 다섯 지역과 그곳 사람들을 연구했다. 내가 저술한 《지중해: 환경사》[94]는 이 지역에 사람들이 거주하기 시작한 때부터 지금까지를 연대순으로 훑으며 메소포타미아, 로마제국, 아스완의 나일강둑 등 사례연구를 제시한다.

그로브A. T. Grove와 올리버 래컴의 《지중해 유럽의 자연》[95]은 역사서라기보다는 풍부한 화보를 곁들여 환경의 변화 과정을 잘 보여 주는 개괄서라고 할 만하다. 그러나 청동기시대 말부터 20세기 중반까지 인간이 삼림파괴, 침식, 사막화 등 환경에 부정적인 영향을 끼치지 않았다는 돈키호테식 모험을 감행하여 아쉬움을 남겼다. 페레그린 호든Peregrine Horden과 니콜라스 퍼셀Nicholas Purcell이 쓴 《오염

된 바다》[96]는 지중해를 바라보는 홍미로운 관점과 사상뿐 아니라 역사와 철학까지 예시로 보여 준다. 지중해 환경사에 대한 영민한 고찰은《고고학보》에 실린 카를 부처Karl W. Butzer의 글을 꼽을 수 있다.[97] 고대의 지중해 세계는 내가 쓴《판의 고생》[98]과 20년 뒤에 나온 2차 개정판《그리스 로마의 환경문제: 고대 지중해의 생태학》에서 다루어졌다.[99]

스페인의 환경사는 1990년대 초반에 성장했다. 이 성장은 환경에 대한 관심 증가, 농업 문제에 대한 역사가들의 관심, 자연과학·사회과학의 연구 방법과 환경사 연구의 상관성과 관련이 있다. 대표적인 학자는 마누엘 곤잘레스 데 몰리나Manuel Gonzáles de Molina와 마르티네즈 알리에J. Martínez-Alier로,《자연의 변형: 스페인 환경사 연구》[100]라는 논문집을 편찬했다. 알리에는 2010년 세비야에서 열린 농경제시스템 역사연구소의 탄생을 주도했다. 스페인 환경사가들은 사막화와 같은 환경적 제약과 관련된 농업 상태에 특별히 관심이 있었다. 예컨대, 후안 가르시아 라토레Juan García Latorre, 안드레스 산체스 피콘Andrés Sánchez Picón, 헤수스 가르시아 라토레Jesús García Latorre가 작성한 논문〈인간이 만든 사막〉을 들 수 있다.[101] 2009년에《글로벌 환경》에 실린 안토니오 오르테가 산토스Antonio ortega Santos의 논문은 스페인 환경사와 글로벌 "남부", 특히 인도와 라틴아메리카 사상과의 연관성을 분석했다.[102]

포르투갈 환경사에 대한 관심은 코임브라, 포르투, 미뉴와 같은 여러 대학에서 나타난다. 환경사 작업에 대한 관심은 대서양역사 연구소CEHA가 마데이라섬에 위치했다는 점에서도 분명하게 드러난다. 이 연구소의 알베르토 비에이라Alberto Vieira는 1999년 유럽·미국·남미의 학자들과 함께 국제학술대회를 조직했고,《역사와 환경: 유럽 팽창의 영향》[103]이라는 단행본을 발간했다. 안젤라 멘도사Angela Mendonca가 조직한 제1회 환경과 글로벌 기후변화의 역사에 관한 국제 워크숍이 2010년 브라가에서 열렸다. 제2회 워크숍은 이듬해 브라질 플로리아노폴리스에서 열렸다. 이네스 아모림Inês Amorim과 스테파니아 바르카Stefania Barca는《환경과 역사》에 포르투갈 환경사에 대한 알찬 연구 노트를 게재했다.[104] 기록할 만한 환경사 관련 행사로는 기마랑이스의 미뉴대학교에서 세계환경사회의가 개최된 일을 꼽을 수 있다. 이 회의에서 세계 각지에서 온 학자들이 포르투갈 연구자들과 만나 지적인 자극을 주고받았다.

이탈리아는 적극적인 환경사가 집단이 있는 첫 번째 지중해 나라였다. 그들은 주로 인접한 분야의 학자들이었다. 마우로 아뇰레티Mauro Agnoletti는 당시나 지금이나 여전히 대표적인 삼림사가이다. 그는 2005년 피렌체에서 열린 제3회 유럽 환경사학회 학술대회를 주최했고,《지구환경》 학술지의 발기인이었다. 농업사를 전공한 피에로 베빌라쿠아Piero Bevilacqua는 광우병 같은 식량 공급 위기를 연구하여《똑똑한 암소》[105]를 썼다. 그의 책《자연과 역사 사이에서》[106]는 농업사와 환경사 사이에서 진일보한 모습을 보여 주었다. 마르코 아르미에로Marco Armiero와 마커스 홀은 이탈리아 환경사 입문서 역할을 하는《근대 이탈리아의 자연과 역사》를 편집했다.[107]

그리스의 환경사 공동체는 현재 조직되는 과정이다. 〈그리스의 환경: 역사적 차원〉이라는 의제를 다룬 아테네 학술대회가 2006년에 개최되었다. 회의의 주최자는 클로이 블라소풀루Chloe A. Vlassopoulou로, 2005년 피렌체에서 열린 유럽 환경사학회 학술대회에서 자동차 대기오염에 대한 논문을 발표했다.[108] 게오르기아 리아라쿠Georgia Liarakou와 함께 그리스 환경사에 관한 논문집도 편집했다.[109] 아테네대학교에는 이 주제를 다루는 과목이 다수 개설되어 있다. 2003년 프라하에서 열린 학술대회에서 알렉시스 프랑기아디스Alexis Franghiadis는 농민들에게 열려 있는 실질적인 공유지였던 그리스 국유지의 역사에 대한 논문을, 알렉산드라 예롤림포스Alexandra Yerolympos는 지중해 도시들의 방재防災에 대한 논문을 발표했다.[110] 바소 세이리니두Vaso Seirinidou는 환경사에 대한 비판적 입문서 격인 논문을 썼다.[111]

중동과 북아프리카

최근까지 북아프리카와 서아시아는 환경사에 관한 연구가 별로 나오지 않았다. 환경사 연구 목록이 대단히 빈약하다. 그 이유는 샘 화이트Sam A. White의 2011년 논문 〈중동 환경사〉에 잘 나와 있다.[112] 적극적인 연구를 향한 행보는 앨런 미하일Alan Mikhail이 편집한 논문집 《모래 위의 물》에 제시되어 있다.[113] 다이애나 데이비스Diana K. Davis

는 프랑스 식민주의자들이 어떻게 환경사 신화를 이용해 북아프리카 침략을 정당화했는지에 관한 우수한 연구를 수행했다.[114]

근대 초기(1453~1918)에 이 지역을 지배한 오스만제국의 환경사 연구는 급성장했다. 2011년에는 기후와 반란에 관한 샘 화이트의 책[115]과 앨런 미하일의 《오스만 통치기의 이집트의 자연과 제국》이라는 걸출한 저작이 발표됐다. 후자는 저명한 학술상을 수상했다.[116]

알론 탈Alon Tal은 역사가라기보다는 변호사이지만, 그의 저작 《약속의 땅의 오염》은 그 부제처럼 이스라엘의 환경사라고 불릴 만한 명저이다.[117] 이 책은 이스라엘의 모든 환경문제를 다루면서 편향적인 찬사나 비판을 지양한다. 디니엘 오렌스타인Daniel Orenstein, 알론 탈, 차르 밀러가 공동편집한 유명 저서는 지난 150년간을 집중적으로 다룬다.[118]

인도, 남아시아, 동남아시아

인도는 처음으로 "비서구적" 학술 문화를 갖게 된 중심지였다. 환경사는 이곳에서 적절한 보금자리를 발견했고, 독자적인 학술적 자극을 받았다. 인도의 환경사는 과학사와 결합되어 있다. 영국 통치기가 주목을 받았는데, 특히 산림과 물 이용에 관한 풍부한 자료가 도움이 되었다. 독립 이후 인도 환경사가들의 숫자, 자질, 연구량은 인상적이다.

1989년 나무 포옹 운동을 다룬 책을 출간한[119] 람찬드라 구하 Ramachandra Guha는 폭넓은 독자층을 확보한 첫 연구 주자이다. 예일에 거점을 두고 미국의 환경사가들과 교류하는 그는, 미국의 생태중심주의적 사고에 비판적이며 야생 보호를 강조한다. 남아시아에는 지역 사람들의 주거지이자 자원인 자연 지역들이 있기 때문에, 이곳의 환경보호는 인간의 필요와 사회적 정의를 고려해야 한다는 주장이다. 1992년, 구하와 마하브 갓길은 인도의 생태사를 다룬《갈라진 땅》을 공동집필했다.[120] 이 책은 세계적인 연구 방법론의 함의와 더불어, 사회적 관계와 환경 조건과의 상호관련성을 분석한다. 미국

환경사가들의 사고는 이후 20여 년 동안 인간중심주의적 방향으로 이들의 주장을 뒤쫓았다.[121]

갓길은 인도의 산림정책을 재검토하고 서쪽 가트산맥의 개발을 심사숙고하는 위원회에 참여했다. 생태학자인 수바시 찬드란Subash Chandran은 마을 사람들이 보존하여 오늘날까지 살아남은 신성한 작은 숲을 연구했다.[122] 찬드란의 연구는 전통적인 공동체 주거지가 종의 다양성과 고유한 생태계 보존에 얼마나 중요한지, 그리고 힌두교 관습의 변화 방식이 환경보존에 얼마나 큰 영향을 미치는지를 지적한다. 그중에는 갓길과 함께 역사적 차원을 다룬 연구도 여럿 있다. 인도국립지리학회의 라나 싱Rana P. B. Singh은 경관과 신성한 지형, 특히 힌두교의 가장 중요한 성지순례 장소인 바나라시 지역을 전문적으로 연구한 역사지리학자이다.[123]

데이비드 아놀드David Arnold와 람찬드라 구하는《자연, 문화, 제국주의》[124]라는 논문집을 편찬했다. 뉴델리에 위치한 국립과학기술개발연구소NISTADS의 과학사 부서는 저명한 과학사가인 디팍 쿠마르Deepak Kumar와 샛팔 상완Satpal Sangwan의 서문을 실은 출판물과 학술회의를 지원했다. 리처드 그로브, 비니타 다모다란Vinita Damodaran, 샛팔 상완은 중요한 논문을 모아 논문집《자연과 동방》을 펴냈다.[125] 나이니탈에 위치한 쿠마온대학교의 아제이 라왓Ajay S. Rawat은 히말라야의 삼림파괴가 그 지역 거주민, 특히 여성과 부족민에게 미친 영향을 연대순으로 정리하고, 임업의 역사를 기술한 가치 있는 논문집을 편찬했다.[126] 라비 라잔Ravi Rajan은 영국 식민지 시대의 임업에

그림 12 인도 베나레스에 위치한 신성한 갠지스 강둑에서 기도하는 브라만의 모습. 자연숭배는 역사적 인간이 환경과 맺는 관계의 두드러진 특징이다. 1992년 저자 촬영.

관한 책을 썼다.[127] 19세기 인도 중부의 가축 방목, 임업, 식민 지배자, 지역 주민의 상호작용은 락스만 사티야Laxman D. Satya의 뛰어난 역사 연구《생태학, 식민주의, 소》의 주제이다.[128] 마헤쉬 랑가라잔 Mahesh Rangarajan은 야생 보존, 산림권, 환경사의 정치와 역사를 강조한 저자이자 편집자로서 인상적인 기록을 남겼다. 그가 공동편집한《환경사: 마치 자연이 존재하는 것처럼》[129]은 자연이 사회적 구성물에 불과하다는 포스트모던한 주장과 재결합한 함축적인 저작이다. 그가 편집한《인도의 환경사》는 방대한 저작이다.[130]

그림 13 인도네시아 발리섬 짐바란의 바롱. 상상의 동물인 바롱은 환경의 긍정적인 부분을 상징하는 무섭지만 친근한 동물의 정령이다. 1994년 저자 촬영.

2006년, 남아시아환경사학회의 결성은 분과학문의 조직화를 위한 중요한 행보로서, 지역 안팎에서 남아시아를 연구하는 학자들과 상호교류할 준비 기구가 되었다. 학회장인 란잔 차크라바르티Ranjan Chakrabarti는 콜카타 자다브퍼대학교에 환경사 프로그램을 개설한 서벵갈 비디야사거대학교의 부총장이다. 그가 출간한 《환경사가 중요한가?》[131]와 《환경사의 위상》[132]은 이 주제의 이론과 방법에 관한 성찰을 담고 있다. 앞 책에서 던진 질문에 대한 그의 답변은 책의 서문에 제시되어 있다. "환경사는 계속 성장해 갈 것이다. 새로운 사회문화사의 씨앗이 확실하게 그 안에 들어 있기 때문이다. … 그러므로 환경사는 중요하다."[133] 크리스토퍼 힐Christopher Hill의《남아시아》는 이 지역 전체의 환경사를 다룬 입문서이다.[134] 19세기 스리랑카의 환경사는 제임스 웹James L.A. Webb의《열대의 개척자들》이 대표적이다.[135]

데이비드 헨리David Henley의 편집으로 네덜란드 레이덴에서 발행된 국제적인 학회 EDEN(누산타라의 생태학, 인구학, 경제학)의《인도네시아 환경사 회보》는 안타깝게도 2003년에 폐간되었다. EDEN의 회장인 피터 붐하르트Peter Boomgaard는《남동아시아: 환경사》를 썼다.[136] 그는 또한《공포의 개척자들: 말레이 세계의 호랑이와 사람들》[137]의 저자이기도 하고, 프리크 콜롬바인Freek Colombijn · 데이비드 헨리David Henley와 함께《종이의 풍경: 인도네시아 환경 답사》[138]를 공동편집했다.

동아시아

1990년에서 2010년 사이에 중국의 학자들이 환경사에 입문하면서 이 분야는 괄목할 만한 성장을 이루었다. 초창기에는 자신들의 출간물을 읽은 중국 역사가들이 거의 없다는 사실과 문호개방정책에 따라 외국의 주요 환경사 저작이 중국어로 번역되기 전이라 이 성과를 제대로 평가받지 못해 힘들어했다. 이 시기를 거쳐 이제는 여러 대학에 환경사학과와 환경사 교과과정이 개설되어 있다. 환경사 논문을 게재하는 학술지도 여럿이다. 베이징 제1사범대학에서는 환경사가 세계사와 협력하여 성장 중이다.

베이징대학의 바오 마오훙Bao Maohong이 2000년에 쓴 논문은 중국의 환경사 연구 입문에 유용한 글이다.[139] 중국 학자들이 중국어로 집필한 연구 목록도 담겨 있다. 바오가 언급한 연구들은 환경보호, 치수, 도시환경사, 기후, 인구, 기근, 산림의 역사 등이다. 바오는 이 학문 분과에서 조창기 논문들을 썼고, 다른 나라 환경사 연구의 역사, 이론, 방법을 소개했다. 그리고 환경사에 대한 독자적인 해석을 제시하고, 중국식 환경사학의 지평을 약속하는 구상을 내놓기도 했다. 그는 "환경사 연구는 전도가 무한대로 유망하고, 잘 발전해 나갈 것이다. 이 연구가 사회발전의 필요를 충족시킬 뿐만 아니라, 세계 학계에서 발전하는 주류와 연결되어 있기 때문"[140]이라고 믿는다. 왕 리화Wang Lihua가 주최한 중국 역사의 환경과 사회를 다룬 국제학술 심포지엄은 2005년 톈진의 난카이대학교에서 열렸다. 중국사회과학원 세계사연구소의 가오 궈룽Gao Guorong은 환경사에 관한《역사연구》를 편집했다.[141]

비중국인 학자들이 수행한 가치 있는 연구 중에서는, 마크 엘빈Mark Elvin의《코끼리의 후퇴: 중국의 환경사》[142]를 자신 있게 꼽을 수 있다. 그는 류 쭈이룽Liu Tsui-jung과 함께 훌륭한 논문집《시간의 퇴적》[143]도 편찬했다. 1949년 중국혁명 이후의 환경적 착오는 주디스 샤피로Judith Shapiro의《마오의 대자연 전쟁》[144]에 잘 설명되어 있다. 더 앞선 시대의 연구로는, 남중국의 식량 위기에 맞선 제국 정부의 대응을 다룬 로버트 막스의 모범적인 연구서인《호랑이, 쌀, 비단, 미사微砂》[145]와 이 푸 퇀Yi-Fu Tuan의 간략한 개설서《중국》이 여전히 가치를 인정받고 있다.[146] 레스터 빌스키Lester Bilsky은 직접 편집한 단행본에 실은 본인의 논문〈고대 중국의 생태위기와 대응〉에서 진나라를 비롯한 옛 왕조들을 살핀다.[147] 자연보호는 크리스 코긴스Chris Coggins의《호랑이와 천산갑》에서 다루어진다.[148] 중국 환경사에 관한 탁월한 영어 입문서로는 로버트 마크스Rober B. Marks가 쓴《중국: 환경과 역사》가 있다.[149]

미카 무스콜리노Micah Muscolino의 책《중국의 전쟁 생태》[150]는 제2차 세계대전기에 대재앙으로 고생한 지역에서 일어난 전쟁과 환경의 상호작용을 검토한다. 일본군의 전진을 봉쇄하고자 국민당군이 황허강의 둑을 무너뜨려 범람을 유도한 이후, 기근으로 수백만 명이 죽고 난민이 되었다. 이 책은 군대, 사회, 환경의 에너지 흐름을 활용하여 전쟁의 생태학 개념을 정립했다.

메이 쉐친Mei Xueqin은 베이징 제1사범대학의 역사 연구 분야에서 학부와 대학원용 환경사 교과과정을 성공적으로 개설했다.[151] 메이는 이제 베이징청화대학에 재직 중이며, 그 제자들이 중국의 여러 대학에서 연구를 수행하고 있다. 〈환경의 역사에서 환경사로〉[152]라는 그녀의 사려 깊은 논문은 환경사의 본질을 검토하여 환경의 역사 자체도, 그렇다고 사회 연구의 역사 범위 내의 환경도 아닌, 인간과 환경의 상호작용 역사를 연구하는 것이 환경사의 본질이라고 주장한다. 그녀의 표현에 따르면, "환경사 연구는 환경 쟁점을 이해하는 사람들을 위한 길이자, 환경 쟁점과 관련된 부적절한 주장을 반박하는 길이며, 환경의식을 높이는 통로가 될 수 있다."[153] 그래서 "인간과 자연의 조화의 실현은 사람들 사이의 사회적 관계의 개선과 함께 시작되어야 한다"[154]는 당연한 귀결에 이른다. 인간과 자연 사이의 평화는 인간들의 평화에 달렸다.

2012년, 밍펑 샤Mingfeng Xia는 중국인민대학에 생태사연구센터를 설립하고 현재까시 소장으로 활동하고 있다. 미국의 대표적인 환경사가인 도널드 워스터가 이곳의 외국인 석좌교수로 있다. 캔자스대학에서 환경사를 주제로 박사학위논문을 쓴 선 허우Shen Hou가 이 연구센터의 부소장이다.[155] 중국의 다른 지방에도 여러 연구소에 환경사 교육과정이 개설되어 있기 때문에 생태 특수지역에서 연구 프로젝트를 진행할 수 있다.

동아시아 환경사학회는 중국을 연구하는 비중국인 역사가들을 포함하는 일련의 국제학술대회를 개최하기 시작했다. 2011년, 대만 타이베이의 연구원에서 제1회 학술대회가 열렸다. 2013년, 화롄시 둥화대학에서 제2회 학술대회가 열렸는데, 유능한 쭈이룽류Tsui-Jung Liu가 좌장을 맡았다.

한국은 콘래드 토트만Conrad Totman의 《환경의 시각에서 바라본 전산업 시기의 한국과 일본》에 포함되어 있다.[156] 본의 아니게 야생 생물의 피난처가 된 군사경계지역의 역설적 상황은 리사 브래디Lisa Brady의 〈DMZ의 생명〉에 묘사되어 있다.[157] 2011년, 영월연세포럼의 일환으로 〈세계환경사연구〉 분과 섹션이 이현숙의 주도로 조직되었다. 한국·일본·중국·독일·미국의 학자들이 다수 참석했는데, 의료사를 다룬 논문이 많았다. 로버트 윈스탠리 체스터스Robert Winstanley-Chesters는 북한 환경사를 주제로 책을 썼다.[158]

일본은 역사 서술의 전통이 잘 정립되어 있다. 국외 저자들 중에서는 콘래드 토트만이 중요한《일본: 환경사》를 집필했다.[159] 그는 환경사적인 접근 방식을 사용하여《일본사》를 썼다. 이 책의 첫 문장은 이렇게 시작된다. "생태적 관점에서 일본의 역사는 특히 흥미롭다." 또한, 그가 많은 일본어 자료를 토대로 집필한《녹색 군도》는 일류 삼림 역사서로 평가된다.[160] 필립 브라운Philip C. Brown은 토지 소유 형태가 가져온 결과를 연구한《공유지 개간》을 썼다.[161] 《자연의 가장자리에 선 일본》[162]이라는 유용한 논문집이 있고, 브렛 워커Brett Walker의《아이누 땅의 정복》이 주목할 만하다.[163]

동아시아환경사학회의 회장이 된 사토시 무라야마는 2015년 10월 타카마쓰시의 가가와대학에서 모토코 하라와 함께 공동의장을 맡아 제3회 학술대회를 치렀다.

오스트레일리아, 뉴질랜드, 태평양 제도

오스트레일리아와 뉴질랜드의 현황에 대해서는 리비 로빈Libby Robin과 톰 그리피스Tom Griffiths가 쓴 〈오스트랄라시아의 환경사〉가 길라잡이가 된다.[164] 도널드 가든Donald S. Garden의 훌륭한 저서는 오스트레일리아와 뉴질랜드, 태평양 제도의 환경사를 잘 설명해 준다.[165] 같은 주제에 관한 초창기의 논의는 뉴질랜드인 에릭 포슨Eric Pawson 과 오스트레일리아인 스티븐 도버스가 쓴 논문 〈환경사와 간학문성 의 도전: 대척점의 시각〉이 있다.[166]

학술지 《환경과 역사Environment and History》는 두 차례의 특집호를 통해 이 지역을 조명했는데, 하나는 리처드 그로브와 존 다가벨John Dargavel이 편집한 오스트레일리아 특집이었고, 다른 하나는 톰 브루 킹Tom Brooking과 에릭 포슨이 편집한 뉴질랜드 특집이었다.[167] 팀 플 래너리Tim Flannery의 책 《미래의 포식자》는 오스트레일리아와 뉴질 랜드는 물론 뉴기니, 뉴칼레도니아까지 오스트랄라시아 전체의 환 경사를 망라한다.[168]

플래너리는 "오스트레일리아 원주민과 유럽인은 모두 미래의 포 식자이다. 둘 다 단기적, 근시안적 자연의 착취자이다"[169]라는 가설 을 신봉했다. 이것은 환경사학자들 사이에 핵심적인 논쟁거리다. 과연 원주민들은 시행착오를 거치며 지역 생태계와 안정적인 관계 를 맺었는가, 그렇다면 식민주의만이 그 균형을 깨트린 것인가. 오 스트레일리아와 뉴질랜드는 영국인이 각각 모던한 사회와 모던한 농업국가 이미지를 갖춘 식민지를 건설하려 한 노력을 상징한다는 점에서 유사하지만, 그 풍경과 토종생물, 원주민뿐만 아니라, 그곳 에 보내진 초기의 영국민 계층에 분명한 차이가 있어 환경사에서는 보통 별개로 다루어진다.

오스트레일리아의 환경사에 관심이 있는 사람은 누구나 스티븐 도버스가 편찬한 두 권의 책《오스트레일리아 환경사》와《환경사와 정책》의 도움을 받을 수 있다.[170] 역사 서사에 생태적 방향 전환을 시도한 첫 번째 역사가는 제프리 볼튼Geoffrey Bolton이다. 그의 책《약탈과 약탈자들》은 오스트레일리아의 첫 환경사 교재로 쓰였다.[171] 그는 오스트레일리아 원주민의 불 사용에 대한 내용으로 시작해서 나무, 토지, 사냥감이 무진장 공급될 수 있다는 가정假定에 대한 정착민의 태도를 살핀 후, 도시 및 농촌 활동의 영향 증대와 자연보존운동의 성장으로 마무리한다.

오스트레일리아 환경사의 기원을 이야기할 때 에릭 롤스Eric Rolls를 언급하지 않을 수 없다. 그는 농부인 동시에 숙련된 작가이다. 그는 생태 과정에 대해 실무적이고 직관적인 이해가 있는 사람으로, 많은 역사가들을 고무시켰다.[172] 마찬가지로, 역사지리학자 파월J.M. Powell의 업적도 빼놓을 수 없다. 그의 폭넓은 연구 중《근대 오스트레일리아의 역사지리학》[173]이 대표작이다. 삼림역사학자 존 다가벨은 믿을 만한 연구인《오스트레일리아 숲의 스타일 만들기》[174]를 발표했다. 삼림사와 환경사를 주제로 수많은 학술대회를 개최한 오스트레일리아산림사학회의 회장을 역임한 그는,《오스트레일리아의 변화무쌍한 삼림》[175]이라는 자료집 시리즈를 여러 권 편집했다.

삼림사 분야에서 손꼽을 만한 또 하나의 연구는 톰 그리피스의《재의 숲》[176]으로, 빅토리아주의 거대한 유칼립투스 숲의 소실을 다루었다. 이 밖에 세계에서 가장 큰 산호초 생태계인 그레이트 배리어 리프 지역에 인간이 미친 영향을 역사적으로 따라간 벤 댈리Ben

Daley의 책[177]과, 머레이 달링 분지의 홍수를 추적한 에밀리 오고먼 Emily O'Gorman의 《홍수의 나라》가 있다.[178]

미국 작가 스티븐 파인Stephen Pyne은 환경사의 관점에서 오스트레일리아의 산불을 다룬 《불난 숲》[179]를 썼다. 이 책은 지구의 여러 지역에서 일어난 불을 다룬 그의 시리즈물에 속한다. 팀 보니하디Tim Bonyhady,[180] 리비 로빈,[181] 그리고 드류 허튼Drew Hutton과 리비 코노스 Libby Connors[182]는 오스트레일리아의 환경운동사 연구에 관한 책을 썼다. 환경사 이해에서 예술과 문학의 유용성을 입증한 연구로는 팀 보니하디의 《식민의 지구》가 대표적이다.[183]

간학문적 환경 연구가 강점인 오스트레일리아국립대학ANU에는 오스트레일리아를 대표하는 환경사학자들이 여러 명 소속되어 있고, 환경사 대학원 과정이 개설되어 있다. 2009년에 설립된 오스트레일리아국립대학 환경사센터는 국제 환경사, 과학사, 공공 역사 연구와 교육 등에서 오스트레일리아의 시각을 강조한다. 웹사이트는 오스트레일리아와 뉴질랜드 환경사 네트워크가 유익하다.[184]

뉴질랜드의 환경사가들은 매우 생산적인 연구 집단이다. 그들은 자신들의 섬이 오스트랄라시아 내에서나 마오리족의 문화 터전인 폴리네시아 내에서나 독특한 생태성을 지녔다는 점을 올바르게 지적했다. 뉴질랜드 환경사에서 다루는 쟁점 중 하나는, 원시 풍경이 상대적으로 늦게 정착한 원주민 마오리족과 유럽계 정착민(Pakeha: 비마오리계 식민주의자들)에 의해 각각 어느 정도 바뀌었는가 하는 것이다. 2002년, 에릭 포슨과 톰 브루킹이 편집한 《뉴질랜드의 환경사》는 18편의 논문으로 구성된 대표 논문집이다.[185] 뉴질랜드의 역사를 다룬 제임스 벨리치James Belich의 두 권짜리 저작《만드는 사람들》과《위조된 낙원》은 초기 마오리족의 환경사를 집대성했다.[186]

그러나 식민 시대에 대해서는 전통적인 정치사와 사회사로 점점 기울었다. 마이클 킹Michael King의《펭귄판 뉴질랜드 역사》는 환경사 주제에 더 가깝다.[187] 인류학자인 헬렌 리치Helen M. Leach는 유럽계 정착민과 마오리족, 더 나아가 태평양 섬 주민들의 원예사를 연구한다.[188] 제프 파크Geoff Park는《응가 우루오라》에서 해안가 저지대에 위치한 숲들이 사라진 역사적 과정을 연구하여, 그 파괴의 책임이 마오리족보다는 유럽계 정착민들에게 더 많다고 주장했다.[189] 캐트린 나이트Catherine Knight의《약탈당한 미관》은 북부섬 남쪽의 자연과 마오리의 역사를 통합한다.[190] 앨프리드 크로스비Alfred W. Crosby는 유명한 뉴질랜드 사례연구집《생태제국주의》를 발표했다.[191] 환경사 NZ는 풍부한 자료를 갖춘 웹사이트이다.[192]

태평양은 지구에서 가장 넓은 지역이지만, 이 지역에 대한 환경사 연구는 이제 막 시작되었다. 이 지역에 대한 정의는 다양한데, 환태평양 지역의 국가들까지 포함하면 그 범위는 실로 어마어마해진다. 맥닐이 편집한《태평양 세계의 환경사》[193]는 태평양 주위의 캘리포니아, 칠레, 중국, 오스트레일리아와 그 사이 섬들에 이르는 다양한 지역을 다룬 논문을 실었다. 삼림사가 존 다가벨, 케이 딕슨Kay Dixon, 노엘 셈레Noel Semle는 논문집《열대 숲의 변화: 역사적 시각에서 바라본 아시아, 오스트랄라시아, 오세아니아의 오늘날의 도전》[194]을 편찬했다.

더 엄밀하게 본다면, 이 지역은 오세아니아 지역이다. 오세아니아 섬 세계는 주로 멜라네시아, 미크로네시아, 폴리네시아가 포함된다. 이러한 정의는 혼란의 여지가 많은데, 환경 국경선은 생태적·문화적·지리적 용어로 그때그때 정의되기 때문이다. 예컨대, 뉴기니는 멜라네시아에, 뉴질랜드는 폴리네시아에 속하면서 둘 다 오스트랄라시아에 속해 있다. 오세아니아 환경사에 입문하는 논문으로는 존 맥닐J. R. McNeill의 〈쥐와 인간에 대해〉[195]가 좋다. 방대한 논문집인 《태평양 제도》는 환경사가들에게 매우 유용하다.[196] 대부분 인류학 논문으로 채워지고, 패트릭 커치Patrick V. Kirch와 테리 헌트Terry L. Hunt가 편집한 《태평양 제도의 역사적 생태》에는 커치의 논문 〈태평양 제도의 환경사〉가 실려 있다.[197] 폴 다시Paul D'Arcy의 《바다의 사람들: 오세아니아의 환경, 정체성, 역사》[198]와 내가 쓴 〈태평양 제도의 자연과 문화〉도 읽을 만하다.[199]

하와이섬은 강력한 대학출판부 때문에 학계의 관심을 더 받고 있다. 하와이 환경사를 다룬 책 중에서는 존 컬리니John L. Culliney의 《먼 바다의 섬들》[200]이 있고, 설탕 플랜테이션 산업에 관한 완벽한 역사서인 캐롤 맥레넌Carol A. MacLennan의 《설탕의 주권》[201]이 있다. 이스터섬(라파누이)와 나우루, 두 섬은 환경사에서 교훈적인 이야기로 유명하다. 한 섬은 유럽 침략 이전에 원주민들이 삼림을 파괴한 섬이고, 다른 섬은 21세기 들어 인산염 채굴지로 착취되다가 버려진 섬이기 때문이다. 이스터섬에 대해서는 재레드 다이아몬드Jared

그림 14 피지섬 비치레부 부레와의 고고학 발굴 현장. 고고학은 환경사가들에게 유용한 정보와 해석을 제공하는 과학이다. 2007년 저자 촬영.

Diamond의 《붕괴》[202]를 비롯한 많은 책이 나와 있다. 그중에서 가장 읽을 만한 단행본은 존 플렌리John Flenley, 폴 반Paul Bahn이 공동집필한 《이스터섬의 수수께끼》다.[203] 나우루섬에 대해서는 칼 맥대니얼 Carl N. McDaniel과 존 고디John M. Gowdy가 공동집필한 《낙원 매매》가 읽어 볼 만하다. 촘촘한 조사가 돋보인다.[204]

아프리카

남아프리카공화국 출신으로 사하라 사막 이남의 아프리카 환경사를 이끄는 학자인 제인 캐러더스Jane Carruthers의 논문 〈아프리카: 역사, 생태와 사회〉는 사하라 이남 아프리카의 환경사 연구의 유용한 입문서이다.[205] 그녀는 사회사의 틀에서 환경사를 다루며, 사회의 변화에 중점을 둔다. 식민 시대부터 내려온 야생생물보호의 중요성과 사냥구역 지정에 따라 역사가들은 자연보존과 관련된 주제에 더 관심을 갖게 되었다. 이 분야의 중요한 논문집으로는 데이비드 앤더슨David Anderson과 리처드 그로브가 공동편집한《아프리카의 자연보호》가 있다.[206]

그레고리 매덕스Gregory H. Maddox는 사하라 사막 이남의 아프리카 환경사를 개괄하면서, 상대적인 빈곤에도 불구하고 많은 아프리카 국가들이 급속한 도시화를 얼마나 잘 극복하고 세계적 수준의 보존과 지속 가능한 계획을 발전시켜 왔는지를 보여 준다.[207] 낸시 제이 콥스Nancy J. Jacobs는 탁월한 자료집을 제공한다.[208]

또 하나의 좋은 연구 사례로는 옥스퍼드 아프리카연구센터의 윌리엄 베이나트William Beinart가 쓴《남아프리카 자연보존의 성장》이 있다.[209] 아프리카 환경사는 아프리카의 풍경에 관한 것이라는 생각이 제임스 맥캔James. C. McCann의《초록의 땅, 갈색의 땅, 검은 땅: 아프리카의 환경사, 1800~1900》의 주제이다. 맥캔은 "이 책의 기본 발상은 아프리카의 경관이 인간에 의한, 곧 인간 활동의 결과물이라는 전제"[210]라고 말한다. 그는 유럽 식민주의자들은 아프리카를 아프리카인의 비경제적인 행위로 파괴된 야생의 에덴동산으로 간주하는 경향이 있었다고 지적한다. 그러나 오늘날의 환경사가들은 식민주의적 오해와 착취를 더 비난한다. 이러한 사상의 형성에 기여한 초기 작가는 헬게 켁슈스Helge Kjekshus이다. 그는 《동아프리카 역사의 생태통제와 경제개발》[211]을 저술했다. 낸시 제이콥스의 《환경, 권력, 부정의》는 칼라하리 사막 가장자리에 있는 남부아프리카 공동체의 긴 역사를 다룬다.[212]

농촌 문화와 환경을 역사적으로 다룰 필요성은 《땅의 관리인》에 설명되어 있다. 세 사람이 공동편집한 이 책은 탄자니아의 농촌공동체의 변화와 혁신 원인을 검토한다. 그중에서 다르에스살람대학의 아프리카 역사학과 창설자인 이사리아 키맘보Isaria N. Kimambo는 탄자니아의 역사를 해석할 때 변화의 외부적 원인과 지방의 주도성 간 균형을 맞추려는 역사가들의 노력을 성찰한다.[213] 제임스 맥캔의 최근 책 《옥수수와 은혜: 아프리카의 신세계 곡물 조우》는 아프리카 대륙을 휩쓸고 여러 토착 재배종을 밀어낸 곡물의 역사를 보여 준다.[214]

제인 캐러더스의 《크루거 국립공원》[215]과 클락 깁슨Clark C. Gibson의 〈총과 투표로 동물 죽이기〉[216]는 자연보존을 정치 영역과 무관한 주제로 다루려는 경향을 박살 냈다. 학술지 《환경사Environmental History》는 1999년에 〈아프리카와 환경사〉라는 주제의 특집호를 출간했다. 여기에는 이주, 인구, 식민학, 토양침식을 다룬 논문들이 실렸다.[217] 윌리엄 베이나트와 피터 코츠는 남아프리카와 미국의 환경

그림 15 케냐 사하라 사막 암보셀리 국립공원의 사바나 구역에 서 있는 기린들의 모습. 아프리카 환경사는 야생생물 거주지의 보존 과정과 보존 이유를 분석했다. 1989년 저자 촬영.

그림 16 모잠비크 고롱고사 국립공원을 지키는 레인저 요원들. 모든 아프리카 국립공원이 불법출입을 통제한다. 2012년 저자 촬영.

사를 비교했다.[218] 파리에다 칸Farieda Khan은 이제까지 도외시된 주제들로 관심을 돌려 자연보호의 역사, 특히 토양 보호 활동에서 남아프리카 흑인들의 역할을 연구했다.[219] 물의 역사에 대해서는 헤더 호그Heather J. Hoag가 쓴 강 개발사가 있다.[220] 모잠비크의 카호라바사 대형 댐 프로젝트에 지출된 인간 및 환경 비용에 대해서는 앨런 이자크먼Allen F. Isaacman과 바버러 이자크먼Barbara S. Isaacman의 연구가 있다.[221] 중부 아프리카 우림지역의 환경사는 타마라 길스 베르닉Tamara Giles-Vernick의 《과거의 포도나무 자르기》[222]가 있다. 1995년, 학술지 《환경사》는 짐바브웨 특집호를 출간했다. 여기에는 자연보호, 물, 상아 거래, 영토 분쟁 등을 다룬 논문들이 실렸다.[223]

남미

오늘날 남미 환경사가들의 활동성과 연구량을 관찰한 사람이면 누구나 이 분야가 활발하게 성장하고 있음을 실감한다. 2006년 남미와 카리브해 환경사학회SOLCHA가 창립하여 계속 성장 중이다. 여기의 회원들은 "쟁기solcheros"라고 불린다. 2년마다 열리는 학술대회에서 발표되는 논문 수를 보면, 유럽 환경사학회와 심지어 미국 환경사학회와 거의 비슷한 수준임을 알 수 있다.

브라질 학자인 리세 세드레즈Lise Sedrez는 인터넷사이트를 만들어 남미 환경사 관련 총 연구 목록을 제공한다.[224] 2001년에 기예르

모 카스트로 에레라Guillermo Castro Herrera가 발표한 논문 〈남미의 환경사〉가 남미 환경사 연구 입문용으로 매우 적합하다.[225] 카스트로는 1994년 쿠바 아바나에서 수여한 '아메리카의 집Casa de las Americas' 상 수상작인《남미의 자연과 사회》의 저자이기도 하다.[226] 카스트로는 쿠바의 애국 철학자 호세 마티Jose Marti의 저작에 자연에 대한 비전과 남미의 자결주의 사상이 긴밀하게 연관되어 있음에 주목하고, 마티를 환경적 정치의식을 자극한 헨리 소로에 비견한다.

숀 밀러Shawn William Miller의 책《남미의 환경사》는 2007년 엘리너 멜빌상을 수상했다.[227] 비슷한 장면을 다룬 초창기 연구는 니콜로 글리고Nicolo Gligo와 호르헤 모렐로Jorge Morello의 〈남미의 생태사 노트〉[228]와 루이스 비탈Luis Vitale의《남미 환경사를 향하여》[229]가 있다. 베르나르도 가르시아 마르티네즈Bernardo García Martínez와 알바 곤잘레스 자코메Alba González Jácome가 편집한 명저《아메리카의 역사와 환경에 관한 연구》는 아메리카국가기구 산하 범아메리카지리역사 연구소의 지원을 받아 출간되었다.[230] 남미의 지역 환경사 연구로는 페르난도 오르티즈 모나스테리오Fernando Ortiz Monasterio 외 여러 명이 공동편집한《더럽혀진 땅: 멕시코의 환경사》가 있다.[231] 멕시코에 대한 지역연구로는 크리스토퍼 보이어Christopher Boyer가 편집한《물 사이의 땅》이 있다.[232] 쿠바의 설탕에 대해서는 레이날도 몬조테Reinaldo Funes Monzote의 〈우림에서 수수지대로〉[233]를 읽어 보라.

앨프리드 크로스비의 연구 중 특히《콜럼버스의 교환》[234]은 북미와 남미의 학자들 모두에게 엄청난 영향을 미쳤다. 크로스비는 유럽의 신세계 침략이 단순한 군사적 정복을 넘어, 인간을 포함한 침략적인 동식물과 미생물 등 생물적 전이였음을 발견했다. 엘리너 멜빌Elinor G. K. Melville은 《양들의 역병》에서 멕시코 정복이 초래한 환경적 결과, 특히 메스키탈 계곡의 생태 파괴를 다룬다.[235] 워렌 딘Warren Dean은 환경사의 걸작 《도끼와 횃불: 브라질 대서양 숲의 파괴》를 집필했다.[236] 딘은 안타깝게도 1994년 샌디에이고에서 사망하여 《브라질과 고무 투쟁》의 속편이었을 아마존 열대우림에 대한 연구 프로젝트를 완성하지 못했다.[237] 안데스의 기후변화에 대해서는 학술상을 받은 마크 캐리Mark Carey의 《해빙의 그림자에서》가 있다.[238]

고대와 중세

산업화 이전 시기의 환경사는 더 많은 연구가 필요하다. 일반적으로, 1800년 이전의 시기에 대한 연구가 매우 부족하다. 중세 시대는 리처드 호프만, 윌리엄 트브레이크, 페트라 반 댐, 찰스 보울러스Charles R. Bowlus, 로널드 줍코Ronald E. Zupko, 로버트 로레스Robert A. Laures가 환경사 연구를 시작할 때까지 거의 불모지로 남아 있었다.[239] 호프만과 엘리너 멜빌은 1996년 4월 캐나다 토론토에서 산업화 이전의 환경사를 다루는 학술대회를 조직했다. 특히 호프만의 2014년 단행본인 《중세 유럽의 환경사》는 주목할 만하다.[240]

고전 시기 지중해의 환경사 분야가 충분히 연구되지 못한 것은 고전고대 역사학계의 보수적인 분위기 때문이다. 오리에타 코르도바나Orietta Cordovana와 지안 프랑코 치아이Gian Franco Chiai가 조직해서 2014년 베를린 자유대학과 국립도서관에서 열린〈고대 생활과 사상에서의 오염과 환경〉학술대회는 중요한 진일보였다. 이 학술대회는 고전주의자들과 고대 세계 연구자들이 모인 첫 국제환경회의였다. 클라우스 게우스가 고대 문헌에 나타난 환경과 지리학에 대해 기조 발제를 했다.

나도 이 주제에 관한 연구서를 냈는데,[241] 2014년《그리스 로마의 환경문제》라는 개정판이 출간되었다.[242] 지금은 러셀 메이그스Russell Meiggs, 로버트 살라레스Robert Sallares, 토머스 갈란트Thomas W. Gallant, 귄터 튀리Günther E. Thüry, 헬무트 벤더Helmut Bender, 카를 빌헬름 베버Karl-Wilhelm Weeber, 서굿J. V. Thirgood, 루카스 톰먼Lukas Thommen 등의 연구들이 나와 있다.[243] 윌리엄 해리스William V. Harris가 편집한 논문집《과학과 역사 사이의 고대 지중해 환경》도 있다.[244]

결론

환경사가들의 국제적 네트워크는 어떤 곳에서는 빨리, 어떤 곳에서는 늦게 결성되었다. 이렇게 된 데에는 몇 가지 이유가 있다. 우선 역사학계와 역사지리학계 사이에 이미 존재했던 연결망 때문이다. 두 번째 이유는 환경사가 연구한 쟁점들에 대한 관심을 구현하는 적극적인 환경운동의 존재 또는 부재와 관련이 있다. 덧붙여, 대학과 국가기관의 혁신에 대한 개방성도 결정적인 영향을 미쳤다.

환경사의 선행 형태는 유럽과 유럽 식민지에서 등장했지만, 환경사가 처음 꽃을 피운 곳은 미국이다. 미국은 전공 학자 수와 출판물 수에서 계속 우위를 점하고 있다. 이는 의심할 여지 없이 연구 작업의 촉매제가 될 것이다. 도널드 워스터, 앨프리드 크로스비, 윌리엄 크로넌, 캐롤린 머천트와 같은 학자들의 연구가 전 세계 환경사가들의 문헌에 인용된다.

그렇다고 해서 미국 학자들의 연구가 늘 긍정적으로만 인용되는 것은 아니다. 예컨대, 람찬드라 구하 같은 인도 학자들은 미국의 환경운동에 나타나는 야생에 대한 집착은 거부하고, 미국 환경사에 부족해 보이는 지역공동체의 중요성을 강조했다. 일부 미국 환경사 학자들도 이를 받아들여 원주민과 민족 집단의 역할을 강조한다.

각 지역과 나라의 환경사에 작동하는 요인들을 파악하고 정의하려는 관심은 도처에 있다. 그 결과, 다양한 사회에서 환경사를 구성하는 이론과 방법에 대한 통찰력이 나온다. 이 통찰력은 미국 환경사와 영향을 주고받으며 서로를 변형시키고 있다. 연구자를 필요로 하는 곳이면 어디가 됐든, 지구 곳곳에 독자적인 환경사 연구자 및 공동체가 나타나기를 희망한다.

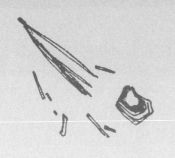

5장

글로벌 환경사

환경사를 지구적인 차원에서 연구해야 한다는 것에는 이론의 여지가 없다. 환경적 요소는 오래전부터 전염병의 확산, 농업 혁신의 전파, 인구이동처럼 단일 문화와 지역을 넘어 작동했다. 전 지구적 환경 변화는 탐험가, 무역가, 정착민이 야기한 생물적 변화와 함께 근대 초기에 가속화되었다.

20세기와 21세기 초의 환경 쟁점들은 점차 전 세계를 범위로 확대되었다. 대기는 오염물질, 방사능물질, 화산재를 대륙에서 대륙으로 옮기고, 재난을 일으키는 폭풍을 이동시키며, 그 화학 구성비와 기온 상승은 지구온난화의 원인인 "온실효과"의 척도이다. 세계의 바다는 지구 표면의 70퍼센트를 차지하며, 해안지대와 섬 지대뿐만 아니라 지구 전체에 "최후의 시궁창"[1] 역할을 하고 있다. 바다는 수증기와 탄소를 비롯한 가스들을 흡수하고 방출하며, 바다 수온은 대기 기온보다 지구온난화에 훨씬 더 큰 영향을 미친다.

오늘날 인간의 활동이 미치는 영향은 (심지어 국경을 넘을 때에도) 특정 생태계가 아닌 모든 국경을 초월한 생물권圈으로 확대되고 있다. 국제무역은 한 나라의 토양에서 생산한 식량 에너지가 멀리 떨어진 대륙에서 소비될 수 있고, 기름값이 산유지에서 아주 먼 곳에까지 영향을 미친다는 것을 확인시켰다. 먼 곳의 수요는 어류 남획

그림 17 오스트레일리아 태즈메이니아에 위치한 조지타운에서 일본 수출용 나무를 자르는
모습. 자유무역과 세계 시장경제는 수요지로부터 굉장히 먼 곳에까지 환경적 영향
을 미치고 있다. 1996년 저자 촬영.

을 자극해 많은 야생종이 멸종에 근접할 정도로 줄어들었다.

　이런 모든 요소들이 환경사의 주제가 될 수 있다. 그러므로 이러
한 분야를 다루는 환경사학자들은 세계 전체를 범위로 연구할 수밖
에 없다. 그러나 이는 힘겨운 일이다. 지구가 아무리 작은 행성이라
고 해도, 지구상에 살고 있는 생물의 수만 생각해 봐도 지구는 거대
하다. 생태학적 용어로, 지구는 굉장히 다양하다. 그래서 이 전부를
포용하거나 일반화하려는 시도는 그야말로 도전일 수밖에 없다. 그
럼에도 그 시도들은 꾸준히 이어졌다.

세계 환경사 도서

세계 환경사는 환경사 주제를 다루는 가장 폭넓은 접근 방식이다. 환경사 분야에서 가장 먼저 출현한 이 연구 방법은 수많은 국경선을 넘어 유용한 비교들을 통합하여 연구한다.

역사학과 과학, 특히 생태학과의 융합은 세계 환경사 분야에서 많은 결실을 맺었다. 1995년 칼 오트윈 사우어, 마스턴 베이츠Marston Bates, 루이스 멈포드Lewis Mumford가 의장을 맡아 프린스턴 국제학술대회를 관철시킨 것도 그러한 결실에 해당된다. 윌리엄 토머스William L. Thomas, Jr.가 편집한《지표면 변화와 인간의 역할》은 이 학술대회의 자료집이다. 지구 행성과 인류 역사를 연대기순으로 훑는 논문들이 실린 이 자료집은 훗날 과학과 역사학을 융합하는 초석이 되었다.[2]

윌리엄 러셀William Stratton Russell의《인간, 자연, 역사》[3]가 이를 보여 주는 예이다. 비록 기초적인 내용을 담고 있지만, 1969년에 출간된 러셀의 책은 오랫동안 이 분야에서 독보적인 대학 교재였다. 터너 2세B. L. Turner II 외 여러 명이 편집한 1990년 논문 모음집《인간 행위로 변형된 지구: 지난 300년 동안 생물권에서 일어난 전 지구적 · 지역적 변화》는 토머스의 책을 모방했지만, 어떤 면에서는 그 책을 뛰어넘었다.[4] 비록 18세기부터 20세기까지 한정된 시기를 다루고 있지만, 이 논문집은 토머스의 책보다 더 체계적이었다.

세계를 뒤흔들어 놓은 명저《콜럼버스의 교환》[5]를 포함한 앨프리드 크로스비의 초기 저작들은 의학, 생태학, 역사학을 결합하여 유럽 정복자들과 그들이 데려온 동식물, 유럽인은 내성이 있는 질병이 아메리카 원주민들에게 미친 생물적 영향을 보여 주었다. 이후 연구 범위를 확장한 크로스비는 《생태제국주의》[6]에서 유럽인들이 당시까지 고립되어 있던 온대 지역의 신유럽인들에게 그들의 "혼성생물군"을 가져가 그곳을 인구통계학적으로 지배하게 된 이야기를 들려준다.

세기전환기까지 세계의 환경사를 저술하려 한 역사가들이 별로 없었다는 것은 놀라운 일이 아니다. 이 분야의 경계선이 최근에야 정해졌고, 그 주제가 너무 광범위하기 때문이다. 아놀드 토인비의 《인간과 대지》[7]는 전 지구적 환경사를 서술하려 한 초기작에 해당한다. 그나마 집필 도중 저자가 사망하여 완성되지 못했고, 결함도 많다. 특히 근대사를 대충대충 서술한 것이 최대의 흠이다. 믿음직한 제목과 생태를 진지하게 다룬 서문에도 불구하고, 책의 내용 대부분이 그의 이전 저작들에서 반복되는 전통적인 정치문화적 서술에 그친다. 그러나 이를 일종의 제스처로 볼 수도 있다. 만년에 토인비는 그의 《역사의 연구》[8]가 생태적 과정에 요구되는 역할을 부여하지 못했고, 그 이후의 저작도 결점을 보완하지 못한 불완전한 시도로 평가받을 수 있다는 사실을 분명히 알았다.

더럼대학교의 지리학자 이안 시몬스I.G. Simmons는 2011년 은퇴하기 전까지 전적으로 과학적 자료에 근거하여 세계 환경사를 도식적으로 조망한 두 권의 책 《지표면의 변화: 문화, 환경, 역사》와 《환경사 입문》[9]을 썼다. 2008년, 그는 《전 지구적 환경사》에서 이 주제를 직접 공격한 바 있다.[10] 역사를 바라볼 때, 지리학자들이 역사학자들 보다 훨씬 쉽게 전 지구적 시선을 취하는 것 같다. 그게 지리학이다. 그렇게 연구한 지리학자들 중에 《인간이 자연환경에 미친 영향》[11]을 쓴 앤드류 구디와 《전 지구적 환경 변화: 자연문화사》[12]를 쓴 아네트 매니언Annette Manion이 있다. 오스트레일리아의 스티븐 고이든Stephen Goyden은 《생명의 역사: 인간과 생물권의 상호작용》[13]을 썼다.

재레드 다이아몬드는 여러 분야의 권위자이자 동시에 폭넓은 근거 자료를 가지고 연구하는 환경사가임을 자처한다. 그는 《총, 균, 쇠: 인간 사회의 운명》[14]과 《붕괴: 사회가 실패나 성공하는 방법》[15]에 서 원시시대부터 지리와 생태가 역사에 미치는 영향과 인간의 문화 적 대응을 매우 흥미로운 방식으로 다루었다. 두 책은 여러 주 동안 베스트셀러 목록에 들어 있었다. 이 분야의 책으로는 흔하지 않은 일 이다. 두 책이 일반 대중이 재미있게 읽을 수 있는 환경사 도서라는 점은 이 책들의 본질적인 장점만큼이나 주목받을 가치가 충분하다.

《총, 균, 쇠》에서 다이아몬드는 기술적으로 발전한 문명이 다른 장소도 아니고 왜 하필이면 그곳에서 출현했는지 의문을 제기한다. 그는 특정한 사람들이 다른 사람들보다 더 지적이고 창의적이기 때 문이라는 생각을 거부한다. 인간 집단의 평균 지능은 얼추 같다는 것이 밝혀졌기 때문이다. 그러므로 그 이유는 지리와 환경의 차이 에서 찾아야 한다고 주장한다. 가축화할 수 있는 동식물의 가용성 과 경작 가능한 대륙의 방향이 남북 축이 아닌 동서 축에 있다는 것

(가축에게 유사한 위도 지역으로 퍼질 수 있는 능력을 제공하는)이 이러한 차이에 해당한다. 많은 사람들이 이를 환경결정론이라고 비판했다.

《붕괴》는 환경결정론이라는 비판에 대한 방어라고 볼 수 있다. 다이아몬드는 이 책에서 또 하나의 질문을 던진다. 왜 사회는 성공이나 실패를 택하는가? 그는 붕괴의 원인을 다섯 가지 범주로 분류한다. 즉, 기후의 변화, 적대적인 이웃, 무역 상대, 환경문제, 환경문제에 대한 사회의 대응이 그것이다. 한 사회가 "선택"하고, 환경이 결과를 모조리 결정하는 것은 마지막 범주에서 가능하다. 다이아몬드는 같은 시기, 같은 장소에 존재한 두 사회를 예로 들었다. 한 사회는 망했고, 다른 사회는 성공했다(한 예는 그린란드의 노르웨이인과 이누이트이고, 다른 예는 히스파니올라섬의 아이티와 도미니코 공화국이다). 또 다른 예인 이스터섬(라파누이)과 티코피아섬은 둘 다 태평양 섬의 폴리네시아 사회이지만, 더 많은 문제를 제기한다. 이스터섬은 원주민들에 의해 나무가 모두 사라졌고 인구 감소를 겪었지만, 티코피아섬은 안정적인 인구와 울창한 나무숲을 유지했다. 다이아몬드와 배리 롤렛Barry Rolett은 태평양 제도의 삼림파괴에 영향을 미쳤을 9개의 환경 요소를 파악했다. 그 결과, 티코피아섬이 이스터섬보다 5개 요소에서 더 나은 것으로 나타났다. 이스터섬은 9개 영역 모두 바닥에 가까웠다. 만약 이스터섬의 환경적 악재가 겹쳤다면, 이스터섬의 원주민들이 쇠퇴를 "선택"했다고 말할 수 있을까? 대조적으로 티코피아섬의 부와 종교는 돼지와 관련이 있었다. 그런데도 그들은 모든 돼지를 죽이기로 선택했다. 돼지들이 작은 섬의 자원

그림 18 칠레 서쪽 남태평양 이스터섬의 아후 통가리키에 있는 모아이 석상. 모아이는 화산 암으로 만든 석상으로, 그 높이가 10미터에 이른다. 2002년 저자 촬영.

을 먹어 치웠기 때문이다. 이스터섬 원주민들의 위신과 종교는 거 대한 석상을 건립하는 토대가 되어, 그들은 대규모 석상을 이동할 때 쓰는 나무가 모두 없어질 때까지 그 일을 계속했다. 나무가 사라 지고 있다는 걸 알면서도 그들은 왜 문제를 해결하려 하지 않았을 까? 다이아몬드는 가능성 있는 답을 추측하고, 타당한 근거를 제시 한다. 비록 결정적인 근거는 제시하지 못했더라도 이 의문을 제기 한 공은 인정받을 만하다. 2009년, 다이아몬드의 이론을 정면 비판 한 논문집《붕괴 의심하기》가 출판되었다.[16]

마찬가지로 인기 있고 널리 애용되는 책인 클라이브 폰팅Clive

Ponting의《녹색 세계사》[17]는 역사를 통해 환경문제를 고찰한다. 이 책은 이스터섬의 생태계 파괴 문제를 환경사에 대한 비유로 들면서 연대순으로 진행하다 주제별로 넘어간다. 비록 폰팅이 대부분 튀는 주제를 다루고 그의 폭넓은 지식이 인상적인 것은 사실이지만, 문체가 기사풍인 데다 자료 제시가 매우 부적절하다. 각주, 미주, 참고문헌도 없고 간략한 읽을거리만 안내해 놓았다.

유럽 대륙 학자들은 도전적인 시각을 제공하여 세계 환경사 연구에 유용한 공헌을 하고 있다. 스칸디나비아 반도의 역사가들은 세계 환경사 집필에 매진하고 있다.[18] 1998년, 스베르케르 소를린과 앙데스 오케르만은 주로 현 시대에 초점을 맞춰 세계 환경사 개설서인《지구섬: 세계환경사》를 썼다.[19] 힐데 입센Hilde Ibsen은 "생태발자국" 개념을 도입해 인간 사회와 환경의 생태적 상호작용 역사를 해석했다.[20]

21세기 전환기에 두 권의 전 지구적 환경사가 출현했다. 독일 빌레펠트대학교의 요아힘 라트카우 교수는 2000년《자연과 권력: 환경의 세계사》[21]을 펴냈다. 이 책은 역사학계 전체에 이미 익숙해져 있는 주제의 맥락 안에 환경사의 자리를 만들어 넣는다. 선사시대의 사냥 부족에서부터 현대 세계 정치의 환경안보(또는 환경불안)에 이르는 쟁점들을 창의적이고 명쾌한 문장으로 서술하고 균형 있게 다루었다.

라트카우의 책이 출간된 지 얼마 지나지 않아 나의 책《세계의 환경사: 생명 공동체에서 하는 인류 역할의 변화》[22]도 나왔다. 내 책은 선사시대부터 현재까지의 역사를 연대기순으로 개관했다. 각 장 앞에 넓은 연대 시기를 설명하는 머리말을 넣고, 시기와 장소별 개별 연구들로 구성했다. 나는 이 책에서 인간 사회와 그들이 속한 생태계가 맺는 상호관계를 주안점에 놓고, 인간 행동의 결과로 일어난 환경 변화가 인간 사회의 역사적 흐름에 어떻게 영향을 미치는지를 조사했다. 20세기를 다룬 장에서는 엄청난 인구성장과 기술 발전이 미친 물리적 영향과 이러한 흐름에 대한 인간의 대응을 논했다. 자연에 대한 도덕적 의무와 기술과 환경 사이의 지속 가능한 균형이라는 까다로운 문제도 고민했다.

사회학자 싱 츄Sing C. Chew는 최초의 도시 출현에서부터 지금에 이르는 장장 5천 년의 환경사를 다룬 《세계 생태 파괴》[23]를 발표했다. 이 책은 많은 환경사학자들이 주장하는 종말론적 역사 서사에 해당한다. 츄는 모든 시대와 모든 장소에서 도시화된 사회가 환경을 착취하고 고갈시켰다고 주장하며, 파괴의 가장 큰 원인이 축적과 도시화, 인구 증가에 있다고 주장한다. 축적이란 금융자본 형태와 같은 부의 습득뿐만 아니라, 자연환경의 물리적 자원으로 생산되는 문명의 물적 측면들을 가리킨다. 이러한 측면들이 자원을 고갈시키는 것은 피할 수 없다. 도시화는 자원의 집중적인 이용을 초래한다. 인구 증가는 앞선 두 현상을 악화시키고, 환경에 점점 더 많은 스트레스를 가한다. 츄는 생태 파괴 과정 중에서도 특히 삼림파괴 과정을 자세히 다룬다. 훌륭한 선택이다. 삼림파괴는 불이 발견된 당시부터 지금까지 계속되었기 때문에 이 현상을 기록하고 평가할 수 있다. 이는 삼림파괴를 수반하는 다른 생태 파괴들, 곧 홍수, 침식,

서식지 감소, 생태계 악화의 지표가 될 수 있다. 츄의 분석이 지닌 가장 독창적인 점은, 문화가 이용 가능한 자원을 고갈시킨 결과로 "암흑기"가 되었다는 발상이다. 이 암흑기가 문명에는 대재앙이지만, 자연에는 회복할 시간을 준다. 그런데 사회의 엘리트들이 환경을 쓰레기 더미로 만드는 것에 반대한 개인과 집단은 왜 인류 공동체의 "파괴적 답습"을 막지 못했을까? 사람들의 교육이나 정신에 큰 영향을 주지 못했을까? 츄는 "최다 이익을 위한 자원의 최대 이용"[24]에 탐닉한 사회 지배 집단 때문이고, 인간의 불합리성 때문이라고 믿는다.

스티븐 모슬리Stephen Mosley는 환경 변화의 주도적인 과정을 따라 《세계사 속의 환경》[25]을 구성했다. 이 책은 사냥, 산림, 토양, 도시와 같은 주제를 다룬다. 그는 압축적으로 1600~2010년에 집중한다. 세계사 과목의 교재로도 손색이 없다. 2010년, 로버트 마크스는 세계 환경사를 다룬 6권의 중요한 책을 비교하여 예리한 비평을 썼다.[26]

실제로 세계 환경사를 다룬 논문집이 쏟아져 나왔다. 이 분야의 특성상 다른 학문 출신 저자들이 역사가들 사이에 등장할 것이 거의 확실했다. 레스터 빌스키가 선사시대부터 현대까지 다룬《역사적 생태학: 환경과 사회 변화에 관한 연구》[27]와 도널드 워스터가 펴낸 《지구의 종말》[28]를 보면 어느 정도 알 수 있다. 이 논문집에는 인구, 산업혁명, 인도, 아프리카에 관한 논문이 각 1편씩, 미국에 관한 논문이 3편, 그리고 워스터의 유용한 서문과 널리 인용되는 부록이 담긴 〈환경사 연구하기〉[29]가 실려 있다. 도널드 휴즈의 논문집《지구

그림 19 그리스 테살리아의 페네이오스강이 굽이쳐 흐르는 모습. 이는 삼림파괴에 따른 강 상류의 침식에 따른 결과인데, 이 과정이 고대 시대부터 계속되어 왔다. 1966년 저자 촬영.

의 얼굴: 환경과 세계사》[30]는 역사가들의 글만 실었는데, 생물다양성, 미국의 인종주의, 태평양, 오스트레일리아, 러시아, 인도에 관한 논문을 포함하고 있다. 대부분 근대 시기를 다루었지만, 그렇지 않는 글도 있다.

수록된 논문들이 제목에 담긴 주제를 뒷받침하는 논문집은 얀 우스퇴크Jan Oosthoek와 배리 길스Barry K. Gills가 편집한 《환경 위기의 글로벌화》[31]이다. 에드먼드 버크Edmund Burke와 케네스 포메란츠 Kenneth Pomeranz가 편집한 《환경과 세계사》는 저명한 저자들의 논문을 묶었다.[32] 티모 밀린타우스Timo Myllyntaus는 《환경적 사고: 글로벌 역사에 대한 녹색적 접근》[33]을 편집했다. 존 맥닐과 앨런 로가 편집한 《글로벌 환경사》[34]는 1989년과 2010년 사이에 곳곳에서 출판된 탁월한 논문을 시리즈로 엮은 책으로, 부제처럼 입문 독자들에게 적합하다. 민족국가는 글로벌 환경문제를 효과적으로 다룰 능력이 없다는 생각은 에리카 바우멕Erika Baumek, 데이비드 킨켈라David Kinkela, 마크 로렌스Mark Lawrence가 공동편집한 책의 주제이다.[35]

존 맥닐과 에린 몰딘Erin Stewart Mauldin이 편집한 《글로벌 환경사 교본》은 다양한 주제를 대표하는 연구자들의 논문이 실린 매우 유용한 안내서이다. 세계 곳곳의 학자들이 글로벌 환경의 시간적·지리적·주제적·콘텍스트적 측면을 각각 다루었다.[36] 환경사 연구의 사학사적 논의를 탁월하게 정리한 알프 혼보그Alf Hornborg의 글은 페르낭 브로델 센터의 2010년 《비평》에 실렸다.[37]

역사 속 특정 시기에 한정된 세계 환경사를 아우르는 연구들도 등장했다. 최근 이 분야에서 가장 뛰어난 책은 지난 세기의 역사를 다룬 존 맥닐의 《해 아래 새로운 것: 20세기 환경사》[38]이다. 이 책은 20세기 환경사 개설서이다. 맥닐은 환경과 그와 연관된 사회 변화를 다루는데, 사회 변화가 그 시기를 특징짓는 특이한 규모와 방식을 추적한다. 맥닐은 20세기는 종류와 정도 차원에서 이전 시기와 달랐다고 주장한다. "인류가 전혀 의도하지 않고 지구 위에서 어마어마한 통제 불가능한 실험을 도모했다"[39]는 점에서 그렇다. 맥닐은 20세기를 이해하기 위해 그전 시대를 이해할 필요가 있는 대목에서 간결한 시대적 배경을 제공한다. 그는 현재의 문화가 풍부한 자원, 화석연료 에너지, 고속 경제성장, 패턴에 맞추어져 있고, 쉽게 바뀌지 않을 패턴이 환경을 바꾸고 있다고 설명한다. 20세기 인간의 경제 행위는 변화의 불가피성을 점점 더 가중시켰다. 변화의 동력은 화석연료 기반의 에너지 시스템으로의 전환, 인구의 급속 성장, 경제성장과 군사력에 대한 광범위한 이념적 헌신이다. 세계의 경제통합을 다룬 장에서도 예리한 통찰력을 보여 주는 맥닐의 책은 환경사의 고전으로 인정받기에 손색이 없다.

역사시대의 환경사를 다룬 또 하나의 연구는 존 리처드즈의《끝없는 접경: 근대 초기 세계의 환경사》[40]를 들 수 있는데, 이 책은 15세기부터 18세기까지를 다룬다. 리처드즈는 환경적 변화가 가장 급격하게 일어나는 곳은 접경이라고 지적한다. 이 책은 유럽인들이 세계 다른 지역으로 확장하는 가운데 유럽, 인도, 동아시아에서 진행된 인간 조직의 진보와 함께 세계의 두드러진 패턴이 만들어져 왔다고 주장한다. 책의 한 장은 기후 역사에 대한 우리의 지식 상태에 대해 논한다. 이 시기에 소빙하기가 나타났다. 리처드즈는 지리적 배경, 생물학적 요인, 힘 없는 피해자나 생태적 성자로도 묘사하지 않는 원주민, 유럽인의 적응, 그들이 데려온 동식물과 병원균을 중요하게 다룬다. 〈세계 사냥〉이라는 제목의 마지막 부분은 유럽인들이 유기물 자원을 찾고자 세계를 누빈 방식을 살핀다. 유럽인들은 유기물 자원이 무한하다고 여겨, 근대 초기에는 엄청났던 다양한 야생생물을 거의 씨를 말렸다. 그는 사냥으로 얻는 경제적 이득과 동물 멸종에 따른 환경의 변화를 다룬다. 이 방대한 단행본은 존 맥닐의 20세기 환경사《해 아래 새로운 것》과 상호보완하여 읽으면 좋다. 두 책 모두 현대사회를 다루었다. 이제 우리에게 필요한 것은 근대와 현대 사이의 공백을 메워 줄 19세기 환경사이다. 두 작가는 자기가 묘사하는 시대야말로 인간의 경제활동이 초래한 글로벌한 환경 변화의 관점에서 전례가 없었던 시대라고 주장하는데, 이는 사실이다.

로버트 막스의《근대 세계의 기원》[41]은 전 지구적 환경사를 바라보는 새로운 관점을 제시한다. 근대 초기부터 근대 전체 시기인 1400년부터 1850년까지를 아우르며, 막스는 기존의 관점을 뒤집어 유럽 대신에 중국을 중심에 놓는다. 그의 입장은 확고부동하다. 이러한 관점에서 보면, "서양의 성장"은 필연적인 것도, 유럽의 본질적 우월성의 결과도 아니었다. 그것은 "어떤 국가들과 사람들이 역사적으로 우연한 사건과 지리로부터 이익을 취해 특정한 시점(역사적 위기)에 어떻게 다른 국가를 지배하고 부강을 누릴 수 있게 되는지에 관한 이야기"[42]에 불과하다.

전 지구적 주요 쟁점

전 지구적 범위의 연구들로 구성된 또 하나의 범주는 특별한 쟁점을 다룬다. 세계 삼림의 역사도 그중 하나이다. 최근에 마이클 윌리엄스의 주저인《지구의 삼림파괴: 선사시대부터 전 지구적 위기까지》[43]가 대표적이다.

이 권위 있는 명작은 인간이 세계 곳곳의 대륙과 섬의 삼림에 미친 영향을 역사적으로 다룬다. 상세 설명으로 서사에 생명력을 불어넣는 솜씨가 일품이다. 예컨대, 윌리엄스는 17세기 서인도의 삼림파괴가 설탕산업의 연료 수요 때문이었다고 단순하게 설명하지 않고, 당시 바베이도스섬에 설탕을 끓이는 데에 필요한 영국산 석탄 수요가 있었다고 보고한다. 왜냐하면 당시 섬에는 나무가 없었기 때문이다. 또한, 열대우림 파괴가 미국 대중에게 알려지는 과정을 예시하면서, 캘리포니아주 베벌리힐스에 위치한 하드록 카페의 전자 광고판을 연결시킨다. 이 광고판에 전자 불빛이 꺼져 갈수록 열대우림 지역이 감소하는 광고가 실렸다.[44]

세계의 삼림을 다룬 좋은 논문집에는 리처드 터커Richard P. Tucker, 존 리처드즈가 편집한 《전 지구적 삼림파괴와 19세기 경제》[45], 레슬리 스폰셀Leslie E. Sponsel, 토머스 헤드랜드Thomas N. Headland, 로버트 베일리Robert C. Bailey가 편집한 《열대의 삼림파괴: 인간의 차원》이 있다.[46]

불의 역사에 대해서는 스티브 파인Stephen J. Pyne이 세계 각 지역의 불을 추적한 탁월한 〈불의 순환〉 시리즈와 개설서 《세계의 불: 지구의 불 문화》[47]가 유용하다. 산불의 역사 이상을 다룬 이 개설서는 모든 형태의 불 요소를 사용한 인간의 역사를 담은 전 지구적 역사 연구서이다. 지질시대의 불의 기원에서부터 정보혁명과 세계 시장경제의 동력이 된 첨단기술로서의 불까지 다루었다. 파인은 1666

년의 런던과 1906년의 샌프란시스코처럼, 인공 환경이 연료로 사용되던 도시들을 다룬다. 그는 야금술의 숯에서부터 화약, 증기기관, 20세기의 화석연료를 명쾌하게 설명한다. 아울러 요리, 헤라클레이토스의 불 철학, 교토의정서를 적절한 맥락에 포함시킨다. 마지막으로 불에 대한 새천년의 시각도 제시한다. 파인의 문체는 학문적 접근성의 진수이다.

기후에 관해서는, 존 브룩John L. Brooke이 인류 역사와의 통합을 포함하는 기후의 "빅 히스토리"를 제공한다.[48] 볼프강 베링거Wolfgang Behringer의《기후의 문화사》[49]도 있다. 리처드 그로브, 존 채펠John Chappell의 흥미로운 책《엘니뇨: 역사와 위기》[50]는 진동 해류와 기온 상승 현상인 엘니뇨(와 그 반대 현상인 라니냐)가 인간 역사에 미친 전 세계적인 영향을 조사한다. 엘니뇨는 태평양의 지역 현상으로 알려져 있지만, 저자들은 이 현상이 지구 시스템과 관련이 있다고 주장한다. 북대서양의 유사한 진동과 남아시아의 계절풍도 이 시스템에 속한다. 그리고 이 현상들은 역사적 사건에 영향을 미쳤다. 식량 부족이 유발한 경제위기와 그에 따른 정권의 몰락 등이다.

제국주의가 미친 환경적 영향이란 주제도 전 지구적 환경사 영역에 포함된다. 앞에서 언급한 앨프리드 크로스비의《생태제국주의》는 주목받을 만한 가치가 충분하다.[51] 또 하나의 금자탑이 될 만한 책은 리처드 그로브의《녹색 제국주의》다.[52] 이 책은 근대 초기에 프랑스·영국·네덜란드 해양제국의 공무원이었던 전문가 집단, 특히 의학자와 생물학자들에게서 현대 생태사상과 자연보존 및 오스트레일리아 환경사의 기원을 찾는다. 그로브는 환경사상의 발전에서 섬이 차지하는 중요성을 강조한다. 규모가 작은 섬에서는 인간 행동이 경관에 미치는 영향이 비교적 빠르게 나타나기 때문이다.

윌리엄 베이나트와 로테 휴즈Lotte Hughes의《환경과 제국》[53]은 폭넓은 연구를 검토하여 근대 유럽의 제국주의를 간략하게 다루었다. 페더 앵커Peder Anker의《제국의 생태학》[54]은 신생 학문인 생태학에 역점을 두고 그로브와 같은 주제를 1895~1945년 시기로 한정하여 더 촘촘하게 살폈다. 앵커는 생태학이 급속히 발전한 이유는 제국의 후원자들이 대영제국의 자연과 원주민 문화를 관리할 과학이 필요했기 때문이라고 주장한다.

리처드 드레이튼Richard Drayton의《자연의 정부》[55] 역시 대영제국 시기부터 1903년까지 과학이 제국주의와 인종주의의 도구 역할을 했다고 지적한다. 아울러 그 철학적 배경이 르네상스 시대의 아리스토텔레스와 고대 그리스의 테오프라스투스로 거슬러 올라간다고 분석한다. 그러면서 런던 서남부 큐에 있는 거대한 규모의 왕립식물원이 영국의 보호를 받던 세계를 "개선"하는 데에 이바지했다고 주장한다.

디팍 쿠마르는 유사한 주제를 식민 지배 시기의 인도를 대상으로 연구하여《과학과 지배, 1857~1905》[56]를 발표했다. 대영제국의 환경사에서 스코틀랜드와 스코틀랜드인들이 맡은 역할의 중요성은 존 맥켄지John MacKenzie의《자연의 제국과 제국의 자연: 제국주의, 스코틀랜드, 환경》[57]에서 볼 수 있다. 제국주의와 환경을 다룬 좋은 논문집으로는 톰 그리피스와 리비 로빈이 편집한 《생태학과 제국: 이주민 사회의 환경사》[58]를 추천할 수 있다.

혼히 아메리카 제국이라고 불리는 미국이 지구 환경에 미치는 영향은 미국이 직접 통치한 영역을 넘어선다. 리처드 터커는 1890년대부터 1960년대까지의 자료를 꼼꼼하게 분석해 《채워지지 않는 식욕: 미국과 열대 세계의 파괴》[59]라는 훌륭한 책을 썼다. 그의 책은 많은 자료를 충실하게 살핀 끝에 나온 그야말로 섬세한 수고의 산물이다. 터커는 미국의 사업과 정부가 지구의 열대 지역에 어떻게 영향을 미치는지 그 방식을 묘사한다. 이 책은 개발에 이용된 재생 가능한 생물자원을 종류별로 구분하고, 설탕·바나나·커피·고무·소고기·목재를 각각의 장으로 구성했다. 이 책에서 주목하는 지역은 남미와 하와이, 필리핀, 인도네시아를 포함한 태평양 제도 지역과 서아프리카의 리베리아이다. 터커는 이 시기에 이루어진 과잉 개발의 지속불가능성, 삼림파괴, 종의 멸종, 토양 유실과 곡물 재배 체계의 붕괴를 비롯한 생명의 황폐화, 그리고 이곳 마을 사람들과 삼림 거주자들에게까지 미친 영향 때문에 발생한 여러 환경적 손상들을 기술한다. 아쉬운 점은, 저자는 균형감 있게 접근했지만 전체 그림은 개발 자체가 가져온 생태재앙이라는 인상을 준다는 것이다.

토머스 던랩Thomas Dunlap은 《자연과 영국의 디아스포라》[60]에서, 아마도 크로스비가 붙인 용어일 텐데, 영국과 "신생 영국", 곧 캐나다·미국·오스트레일리아·뉴질랜드의 환경사를 혁신적인 접근 방식으로 다루었다. 던랩의 책은 이를테면 네 곳의 영어권 국가가 가진 자연사상 비교사인데, "원시 자연"에서 출발해 자연사와 생태학, 환경주의까지 비교 연구한다.

환경운동

환경운동의 역사는 세계 전역에 있다. 티모시 도일Timothy Doyle과 셰릴린 맥그리거Sherilyn MacGregor가 편집한 두 권짜리 방대한 책《세계의 환경운동》이 있다.[61] 람찬드라 구하는《환경주의: 전 지구적 역사》[62]에서 인도, 미국, 유럽, 브라질, 소련, 중국과 세계 곳곳에서 일어난 환경운동의 목표와 행동주의의 공통점 그리고 차이점을 비교한다. 구하는 민족주의적 전원주의에서부터 사회생태학까지, 고대 로마 시인 베르길리우스에서부터 노벨상 수상자 왕가리 마타이Wangari Maathai까지 다룬다.

최근 몇 년 사이에 자연보전 및 지속 가능한 발전과 관련된 UN환경계획, 국제정부기구, 비정부기구들이 창설되어 역사가들에게 새로운 연구 분야를 제시해 주고 있다. 존 맥코믹John McCormick은 책 분량의 논문〈낙원 재생하기: 전 지구적 환경운동〉[63]에서, 특히 1987년에 나온 브룬트란트 위원회 보고서Brundtland Commision Report를 인용하여 1945년 UN의 창설과 함께 국제화된 환경운동을 강조한다. 캐롤린 머천트는《급진적 생태학: 생존 가능한 세계 찾기》[64]에서 기술적·재정적 궁지에 몰리면 전 지구적 환경문제와 생태의식이 요구하는 더 심대한 변화들에 소극적이 된다는 우려를 주제로 삼았다. 생태학, 사회생태학, 환경정책, 에코페미니즘을 장별로 구분하여 다루면서, 지구먼저!Earth First!, 칩코Chipko, 아마존열대우림행동 그룹 같은 활동적인 운동단체들을 소개한다.

세계사 교재

세계사 교재에서 환경사가 차지하는 비중은 점점 더 커지고 있다. 존 맥닐은 20세기 역사에서 가장 중요한 부분은 인간과 환경의 관계 유형이라고 주장한다.[65] 이는 이전 세기와 극명히 대조된다. 20세기 세계사 교재들은 선사시대와 20세기 후반을 다룬 장을 제외하면 환경문제에 별다른 관심을 두지 않았다. 그러나 지금은 공동집필자 명단에 환경사가들이 들어가는 경우가 점점 더 늘고, (물론 전부는 아닐지라도) 시대를 배정할 때에도 환경사가들의 시각이 반영된다.

중요한 것은, 이러한 책들이 학부 세대를 대상으로 하는 기초교육에서 매우 중요한 몫을 차지한다는 점이다. 매년 세계사 수업을 담당하는 선생인 나는 상황이 점점 개선되고 있음을 느낀다. 매년 새로운 개정판이 나오고 있기 때문에, 교사들도 해당 분야를 공부해야만 제대로 된 교육을 할 수 있다.

현재 모든 세계사 교재의 주제는 사실상 "발전"이다. 이 단어는 도처에 등장한다. "문명 발전"[66]과 같은 제목에서는 예외가 없다. 그러나 이 단어는 거의 정의된 적이 없고, 그 구성 원리가 주장한 것과 같은 그런 사례도 없다. 그런데도 우리는 이 단어를 아무런 의문 없이 좋은 것으로 받아들인다. 이 단어가 언제 쓰이는지 보자. 인류가 특정한 경제적·사회적 조직 수준에서 그다음 높은 수준으로 올라갈 때, 거의 승리를 자축하는 느낌으로 발전이 언급된다. 비록 무슨 의미인지 정의하지 않지만, 기술의 발전에 따른 경제성장이 무엇을 의미하는지는 분명하다.

비록 세계사 교재들은 예술과 과학의 성취를 기술하지만, 교재가 말하는 발전의 목표는 호메로스 문학보다 훨씬 덜 섬세하다. 라스코 동굴벽화를 능가하는 예술 작품이나, 아인슈타인의 상대성 원리를 넘어서는 물리학적 발견도 없이 우리는 발전을 운운한다. 세계사 교재가 말하는 인류의 발전이란 공장, 에너지 시설, 금융기관, 발전소, 경제기관을 건설하는 것이고, 인간의 특정 목적을 위해 지구의 자원을 점점 더 많이 사용하는 것이다. 심지어 환경 발전 이야기도 생태계와 비생태계를 무시하는 내용으로 채워져 있다. 국가가 발전에 성공하려면 천연자원을 사용해야 하고, 숲을 목재와 석탄으로, 철광석 자원을 강철로 바꾸어야 한다. 이 과정에서 공기는 점점 더 오염되고, 강은 침식과 쓰레기 더미로 파괴된다.

환경주의자들과 개발론자들의 인식은 엇비슷하다. 그들은 환경을 보호하려면 개발을 제한해야 하고, 개발을 하려면 환경파괴를 피할 수 없다고 생각한다. 인류는 두 가치가 양립할 수 없다는 것을 알면서도 둘 다 원하는 것처럼 보인다. 그래서 새로운 세계사 서사는 반드시 생태적 과정을 주요 주제로 삼아야 한다. 이 새로운 서사는 인간의 사건을 그것이 실제로 일어나는 곳의 맥락 안에 위치시켜야 한다. 바로 생물권▓이다. 균형감각을 갖춘 정확한 서술을 목표로 하는 세계사 이야기는 자연환경과 인간 활동이 서로 영향을 주고받는 수많은 방식을 고려해야 한다. 생태적 과정은 역동적인 개념이다. 이 말은 인간과 자연환경의 상호관계가 지속적으로 변화한다는 것을 함의한다. 따라서 현재 인간과 환경이 빠진 궁지를 설명하려면, 생태학만큼이나 환경사가 꼭 필요하다.

이제 결론을 내리자. 미래의 환경사가들은 세계 시장경제와 그것이 지구적 환경에 미친 영향을 설명해야 하고, 이 설명에 따른 수많은 도전에 직면해야 한다. 초국가적인 수단들은 '지속 가능한 발전'을 이야기하지만, 실상은 경제성장에 아무런 제한도 두지 않는 초강수를 두면서 환경보호운동을 제압하려 한다. 로버트 코스탄자Robert Costanza, 허먼 달리Herman E. Daly, 힐러리 프렌치Hilary French, 제임스 오코너James O'Connor[67]를 비롯한 환경경제학자들이 이러한 추세를 비판하는 저작들을 내놓고 있다. 이들의 글은 자유무역 체제가 인간 사회와 생물권에 미치는 영향을 오랫동안 엄격하게 검토한 역사가들에게 그들이 연구해야 할 주제는 국제적인 풍경임을 일러 준다. 존 맥닐, 호세 파두아, 마헤쉬 랑가라잔이 공동편집한《생생한 자연의 환경사》[68]에는 생태경제학을 설명하는 좋은 논문이 실려 있다. 이것이 21세기 환경사를 이끄는 주제가 되기를 희망한다.

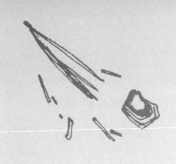

6장

환경사의 쟁점과 향방

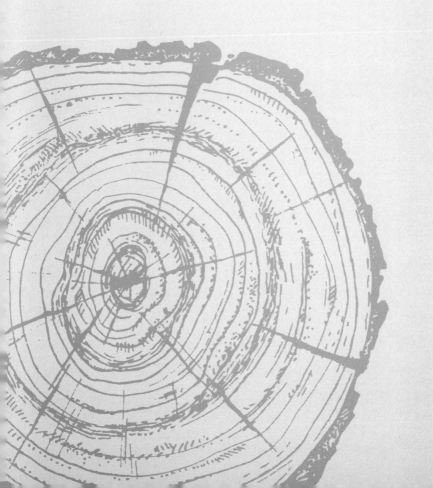

환경사 비판에는 환경주의, 전문가주의, 포스트모더니즘, 정치경제학 계통의 쟁점들이 소환된다. 환경적 종말이나 환경결정주의와 같은 주요한 해석이론뿐 아니라, 인간의 내부적 원인과 외부적 원인 등도 새로운 쟁점 대열에 포함되었다. 관심사에 따라 환경사가들도 분화되었다. 기존 쟁점에 대한 논쟁이 사그라들지 않은 상황에서 새로운 쟁점이 계속 추가되는 양상이다. 이 장에서는 몇 가지 쟁점만 선별하여 다루려 한다. 광범위한 주제와 방향을 다룬 논문집 중에는《옥스퍼드 환경사 교과서》[1]가 추천할 만하다.

전문가주의

1980년대 이후의 환경사 분야를 살펴보면 몇 가지 지속되는 추세를 발견할 수 있다. 대부분의 학문 세계에서 그렇듯이, 환경사에서도 전문가주의가 큰 흐름을 형성해 왔다. 지금의 환경사가들은 좀 더 엄밀한 의미에서의 역사가들이다. 그런데 전문가주의가 간학문적 연구에 관여하는 다른 역사 분야보다 더 심하게 나타나는 것 같다. 역사 전문직 내부에서 이 하위 분과 연구자들을 고용하는 비율이 점점 높아지고 있다. 그러나 이걸로 끝이 아니다. 환경사는 태생적으로 간학문적 분과로서, 여러 분야 학자들과의 교류에 자극받아 탄생한 학문이기 때문에 특정 전문가로 고정되는 것이 환경사 자체의 발전에는 바람직하지 않을 수 있다. 환경사를 다시 탄생시키기란 어려운 일이다. 환경사를 낳은 노력을 되살리는 것은 그 노력에 관련된 인간 지식 형태가 과학과 인문학 사이의 저 유명한 문화적 간극의 반대편에 위치한 일부를 포함하기 때문에 어려울 수 있지만,[2] 환경 역사가들이 전문화의 섬에 갇히지 않으려면 피할 수 없는 운명이다. 역사가로서 훈련받지 않은 사람들이 환경사가로서 마땅한 일을 할 수 없다는 느낌이 든다면, 그것은 더욱 안타까운 일이 아닐 수 없다. 미국환경사학회 회장을 역임한 스티븐 파인은 다른 학문 분과와의 교류를 환영했다.

미국환경사학회 회원이 "환경사"를 이야기한다면, 그것은 전문 역사가들이 수행하는 역사를 의미한다. 으레 교수를 의미하지만, 독자적으로 활동하는 공공 역사가를 의미하기도 한다. 그러나 환경은 다양한 분야의 학자들에게 매력적인 주제여서, 점점 더 많은 학자들이 이 주제를 역사적 용어로 생각하고 있다. 인류학자, 지리학자, 고고학자, 삼림학자 모두가 인간과 자연 사이의 원자가原子價를 통합시키거나 재발견하고 있다. 생태학마저도 지리학처럼 (부득이하게) 역사과학이 되어 가고 있다. 계통을 분류하자는 다른 집단들의 주장과 격분에도 아랑곳없이, 각 집단은 환경사 주제를 각자의 방식대로 정의하고 있다. 전체적으로 그들은 환경사에 도전한다. 그러면서 환경사를 보완한다. 그들은 학문의 식민화로 가는 기회를 제공하는 셈이다.[3]

앞 장에서 환경사 저술들을 개관하며 많은 환경사 연구가 비역사가들에 이루어졌다는 점과, 환경사가 역사지리학이나 생태학 등 여러 학문 분과에 진 빚이 어마어마하다는 점은 충분히 설명되었다.

옹호주의

최근의 환경사 저술에서는 환경 옹호주의가 1960~70년대에 비해 현저히 줄어들었다. 존 오피는 환경사가들이 역사 공동체 내에서 환경적 관점을 관철하려고 위험한 짓을 꾸미고 있다며 이를 "옹호의 유령"이라 불렀다.[4] 그러나 이러한 관찰이 전부 옳은 것은 아니다. 개별 환경사가들은 시민 자격으로 인디애나 둔스, 그랜드캐니언을 지키는 지역적 차원의 환경운동과 환경오염에 반대하는 국가적 차원의 캠페인, 그리고 세계야생보호기금wwf 같은 국제적인 비정부기구에 참여했다.

지구온난화 쟁점에 대한 사람들의 관심은 2000년경부터 뜨거워졌다. 그러나 환경사가들은 처음부터 대외 활동으로 지금까지 공들여 온 역사적 방법을 망칠까 봐 매우 조심했다. 오늘날 이 같은 소극적인 태도가 정당화되는 경우는 거의 없다. 환경사학자들은 객관성을 지키며(편향적으로 보이는 것을 과도하게 경계하며), 반대자들만큼이나 환경주의자들을 비판하는 것처럼 보인다. 이 현상을 논하면서, 존 맥닐은 정치활동이 미국과 유럽의 환경사가들에게는 약해졌지만, 인도나 남미에서는 아직 강하게 남아 있다고 본다.[5]

오늘날의 환경사가들은 대부분 환경사가 환경운동에 뿌리를 두고 있다는 점을 긍정적으로 인식하고, 자신들도 시민으로서 환경운동과 많은 목적을 공유한다는 사실을 알고 있다. 존 오피도 환경운동 옹호는 확실히 여러 가치가 있으며, 옹호를 완강히 거부하는 것은 중요한 도덕적 질문을 외면하는 것이 될지도 모른다는 점을 독자에게 상기시킨다. 정확하다는 것이 참여하지 않는다는 의미는 아니다. 존경받는 환경사가들은 이를 잘 보여 준다. 자신의 역사 이해가 도덕적 측면에서 어떠한 행동을 촉구하고 다른 사람들에게 경고하는 것이면, 그들은 조금도 망설이지 않고 그렇게 한다. 윌리엄 크로넌은 〈환경사의 유용성〉에서 환경사가들이 정책결정자들에게 정보를 주는 역할을 올곧게 수행해야 한다고 주장했다.[6]

환경사 문헌 중에 옹호주의를 가장 잘 묘사한 사례는 도널드 워스터의 시리즈 저작물인 《자연의 부: 환경사와 생태적 상상력》[7]을 들 수 있다. 수려한 문체로 쓰인 그의 책에 실린 모든 글은 신중한 역사 검토에 기반한 이해와 행동의 요청으로, 인간의 가치를 주장하는 열정 및 자연 세계와 생명에 대한 심오한 인식을 불러일으킨다. 그의 글은 옹호주의가 어떤 것인지 이해하는 데에 도움을 준다.

이렇게 만발하고, 소란스럽고, 윙윙거리는 우리 주위의 자연 세계가 항상 인간 삶의 활력이 되었다. 자연에 대한 의존성에서 벗어나려는 우리의 온갖 노력에도 불구하고, 그런 상태는 오늘날에도 그대로다. 그리고 우리의 의존성을 인정하지 않으려는 빈번한 노력에도 불구하고, 그런 노력은 너무 늦었고 우리는 이미 위기를 맞았다. 환경사의 목표는 그런 자연의 의미를 다시 일깨우고, 현대 과학의 도움으로 우리 자신과 우리 과거에 관한 새로운 진실을 발견하는 것이다. 대단히 많은 장소에서 그러한 이해가 필요하다. 예컨대, 빈곤과 질병, 토양침식의 오랜 비극적 소용돌이를 겪은 작은 아이티와 보르네오의 우림 지역을 들 수 있다. 그들은 전통적인 부족 소유와 경영에서 현대적인 기업 소유와 경영으로 넘어갔다. 두 경우 모두, 그곳 사람들과 땅의 운명은 대평원의 경우와 마찬가지로 긴밀하게 연결되어 있어 분리할 수 없다. 그리고 두 경우 모두 세계 시장경제가 생태적 문제를 야기시켰거나 심화시켰다. 환경사가가 어떤 지역을 선택하고 연구하든지 간에, 그는 인간이 어떻게 생명의 원천을 훼손하지 않고 스스로 생존할 수 있는지, 이 오래된 궁지를 반드시 짚고 넘어가야 한다. 예전처럼 오늘날에도 이 문제는 인류 생태에 대한 근본적인 도전이며, 이 문제에 직면하려면 지구에 대해, 특히 지구의 역사와 한계에 대해 잘 알아야 한다.[8]

환경결정론

환경사가들이 비난받는 이유는 주로 환경결정론 때문이다. 역사가 인간이나 인간의 선택이 아닌 힘들에 필연적으로 지배된다는 이론이다. 기후와 전염병의 역할을 강조하는 연구가 특히 이런 비난을 받는다. 그러나 환경사의 기본 개념은 인간 사회와 자연환경의 상호작용에 있다. 인간과 자연의 상호작용에서 어느 쪽이 더 우세하거나 영향이 큰지에 대한 판단은 환경사가들 사이에서 매우 다양하다. 사실상 이 주제에 대한 환경사가들의 의견은 극과 극이다.

예컨대, 환경결정론에 가까운 극에는 재레드 다이아몬드가 있다. 그는 의학과 인류학에 기반하여 지리학을 가르치고 있다. 그런데도 자신을 환경사가라고 말한다. 그는 인간 사회는 자연의 모태에 박혀 있었다고 주장하며 환경의 역할을 강조하고, 어떤 인간 집단은 다른 집단보다 신체적으로나 지능적으로나 우월하다는 생각을 거부한다. 인간 집단은 저마다 자신이 속한 환경이 제공하는 요소들을 창의적으로 이용해 발전시킬 뿐이라는 것이다.

이 스펙트럼의 반대 극단에 윌리엄 크로넌이 있다. 그는 직접 편집한 논문 모음집인 《서로 다른 땅: 자연의 재발명을 향하여》[9]에서, 인간이 지구를 뒤바꿔 놓았기 때문에 더 이상 자유로운 자연은 존재하지 않는다고 주장한다. 야생이란 전적으로 문화적 발명품일 뿐이다.[10] 이는 탐험, 오염, 관리로 지구상에 인간의 손길이 닿지 않은 곳이 없다고 (은유적으로) 말하려는 것이 아니라, 자연에 대한 개념 자체가 인간의 창작품이고 문화 없이 자연과 관계할 방법은 도무지 없다는 것을 말하려는 것이다.

다이아몬드가 환경결정론을 대변한다면, 크로넌은 문화결정론을 대표한다. 그러나 둘 다 자신은 환경과 문화의 상호작용을 분석하고 있다고 주장한다. 다이아몬드는 인간의 선택을 주장하고, 크로넌은 자연이 실제로 존재하고 의미 있는 자연과 맺는 인간의 문화적 상호작용이 있음을 주장한다. 대부분의 환경사가들은 양극단 사이의 넓은 스펙트럼 어딘가에 자신이 서 있다고 말한다. 비록 학자는 급진적인 입장을 내세우기보다 균형을 잡기가 더 어렵긴 하지만 말이다.

현재주의

환경사가 다른 역사가들에게 비난받는 또 다른 이유는 현재주의 때문이다. 일반 역사가들은 환경문제에 관한 인식은 현시대적 현상이라고 비판한다. 실제로 "환경주의environmentalism"라는 용어는 1960년대까지 일반적으로 사용되지 않았고, 환경사도 1970년대에 와서야 하위 분과로 인정받게 되었다. 오직 현대의 문제들에 대한 반응이 이러한 탐구로 나아가는 동기를 부여했다. 그렇다면 환경사는 오늘날의 발전과 우려가 작동하지 않고 인간 참여자에게 의식이 없었던 과거로 돌아가려는 지지하기 힘든 시도가 아닌가?

이러한 비판은 근본적으로 역사 자체를 현재의 이해에 적용될 수 있는 지적 노력이라고 보지 않으려는 문제가 있다. 현대의 문제들은 현재의 형태 안에 존재한다. 그 문제들이 역사적 과정의 결과물이기 때문이다. 자연과의 관계는 인류가 직면한 첫 번째 도전이었다. 유목민 부족의 고기와 가죽을 농업 부족의 곡식 및 직물과 교환하는 데에서 시장경제의 선례를 찾으려 하지 않는 것은 너무도 터무니없는 부인 행위가 될 것이다. 그리스 철학가 플라톤이 토지 침식에 대해 서술했고, 로마 시인 헤레이스는 도시의 공기오염에 대해 불평했다.[11] 유럽인이 신대륙에 들여온 농작물과 잡초, 동물, 질병을 통한 콜럼버스적 전이는 아메리카의 역사와 현재 상태의 많은 부분을 설명해 준다.[12] 환경의 힘이 인간 사회에 미친 지나간 영향과 인간 활동이 환경에 미친 영향을 연구하게 되면, 현대 세계가 당면한 딜레마를 파악하는 데에 필요한 시각이 생긴다.[13]

환경종말론

또 다른 비판은 환경사학자들의 작업이 '종말론적' 서사 경향을 띤다는 것이다. 괜찮았던 환경 상황이 인간의 행동 때문에 점점 더 악화되고 있다는 식으로 기술한다는 뜻이다. 테드 스타인버그는 논문 〈밑으로, 밑으로, 밑으로, 이제 끝: 환경사는 종말을 넘어간다〉[14]에서 이러한 환경사가들의 시각을 비판한다.

이런 비판의 근거가 되는 작업들을 살펴보자. 엘리너 멜빌에 의하면, 콜럼버스 이전 시대의 멕시코 메스키탈 계곡은 원주민인 오토미Otomi의 비옥한 농지였다.[15] 그러다 스페인 정복자들이 양을 과도하게 방목하면서 이 농지는 "땅의 황폐함과 원주민의 빈곤, 정복자의 착취로 알려진 가난한 장소"로 돌변했다. 워런 딘의 환경사 저작 《도끼와 횃불》은 다양한 생물종을 자랑하던 브라질 대서양 해안 지역 열대림이 유럽인들에게 발견된 이후 지금까지 마구 벌목된 사례를 보고했다.[16] 오늘날 이 열대림은 겉으로는 브라질 법의 보호를 받는 것처럼 보이지만, 여전히 공격당하며 이리저리 조각난 숲을 대변한다.

전 세계로 범위를 확장해 보면, 이런 지역적 사례는 전 지구적 파괴 사례가 된다. 따라서 세계적 재앙을 예측하기는 어렵지 않다. 지구온난화 같은 현상이 우려되는 곳에서는 한층 더 심각하다. 이러한 파괴 과정은 여전히 진행 중이고 그 규모가 기하급수적으로 확대되고 있기 때문에, 인류가 미래의 재앙에 다가가고 있다는 추정은 논리적으로 보인다.

종말론적 서사는 경고의 가치도 있어 보인다. 중세 시대 교회는 세계질서의 끝과 영혼의 마지막 심판을 포함한 종말신학을 가르쳤다. 이것이 신자들을 두렵게 만들어 선한 행실을 유도한다고 여겼다. 그렇다면 환경적 종말론은 세계사에 등장한 세속판 종말신학인가? 물론 대부분의 역사가들은 이런 미래를 예측하지 않는다. 과거 과도한 희망이나 비판에 사로잡혔던 역사가들의 예측은 극적으로 빛나갔다. 웰스H. G. Wells는 제1차 세계대전 이후 세계질서가 정착되고 평화가 지속될 것이라고 예측하지 않았던가.[17]

환경사가들도 예외가 아니다. 일반적으로 환경사가들도 이미 일어난 일에 대해서만 서술하고, 불행한 일을 은밀히 예측할 때조차도 결론은 독자의 몫으로 남긴다. 물론 이 다짐을 어기기도 한다.[18] 만일 역사학이 많은 형태의 예측을 배제하는 연구자들에 의해 유지된다면, 과학의 타당성은 예측의 정확성으로 결정될 것이며, 환경사는 역사학의 하위 분과 중에서 유일하게 이런 과학적 통찰에 열려 있는 분야가 될 것이다. 하지만 문제는 복잡하다. 환경사에 가장 관련이 깊은 과학 분야는 생태학인데, 생태학은 신뢰할 만한 예측이 거의 불가능한 역사과학이기 때문이다.

이 난제를 환경사가들도 잘 알고 있다. 종말론적 서사에 대한 비판은 전 세계에서 일어난 환경파괴와 인간 행위의 관련성을 조사해 보면 결론이 나온다. 종말론은 이를 다르게 설명하려 할 때 꺼내 들면 된다.

정치경제학

일반적인 역사가들과 마찬가지로, 환경사가들도 이론이 빈약하다고 공격당하는 경우가 많다. 그러나 〈생태혁명의 이론적 구조〉[19]의 캐롤린 머천트, 〈생태사 이론〉[20]의 공동집필자인 마하브 갓길과 람찬드라 구하는 예외이다. 환경사에 가장 날카롭고 자극적인 칼날을 겨누는 사람은 사회학자이며 경제학자인 제임스 오코너이다. 그는 1998년 《자연적 원인》[21]이라는 논문집에서 〈환경사란 무엇인가? 왜 환경사인가?〉를 발표했다. 그는 환경사학자들이 환경사가 얼마나 혁명적인 분야인지를 인식하지 못한다고 비판한다.

환경사는 이전에 존재한 모든 역사학 분야 중에서 최고 정점에 서 있다고 여겨진다. 환경사라는 분야가 엄밀하게 구분될 뿐만 아니라, 현재의 정치사·경제사·문화사도 환경적 측면을 포함하는 것을 보면 그렇다. 많은 학자들이 여전히 환경사를 주변 역사로 여기지만, 환경사는 현대 사학사의 중심에 서 있다(그렇지 않다면, 그렇게 돼야 한다).

오코너의 비판에 담긴 함의는, 자신들의 연구가 얼마나 혁명적이고 현대 역사학의 핵심인지를 정작 당사자들인 환경사가들이 깨닫지 못하고 있다(설령 안다고 해도 제대로 설명하지 못한다)는 것이다. 그의 비판은 실제로 역사를 둘러싸고 있는 맥락 안에 역사를 위치시킨다. 여기서 맥락이란 곧 자연 세계의 물리적 실재와 문명의 물적 토대와 한계를 말한다. "지속가능성"은 희망 사항으로 받아들여졌지만, 이 단어의 만족할 만한 생태적 정의는 규정되기 힘들다.

오코너는 지속 가능한 자본주의가 가능한지를 묻고, 그것은 불가능하다고 대답한다. 자본주의는 생태계를 파괴하고 천연자원을 고갈시켜야 이룰 수 있는 조건에서만 가능한 이익과 축적을 수반하기 때문이다. 간단히 말해, 이것이 바로 오코너가 말한 "자본주의의 두 번째 모순"[22]이다. 오코너를 비판하는 사람들은 마르크스주의자인 그가 자본주의를 공격하는 것은 당연하다고 할 것이다. 그러나 오코너의 비판은 자본주의로부터 마르크스로까지 확장된다. 마르크스는 생태 시대 이전에 글을 썼기 때문에 자연경제의 생산력이 수행하는 근본적인 역할을 인식하지 못했다는 것이다. 오코너가 말하듯이, "역사적 유물론은 충분히 유물주의적이지 않다"[23]는 결론이다. 이 같은 이중 모순에 직면해서, 그는 환경사가들에게 다음과 같이 조언한다.

> 환경사가들의 연구는 정치사, 경제사, 사회사가 되고 있다. 넓고, 깊고, 좀 더 포괄적인 … 환경사가 미래 세대의 역사가들에 의해 재해석되고, 심지어 변혁될 것이란 점은 분명하다. 새로운 문제, 기술, 자료 등의 측면은 물론이거니와, 환경사가 오늘날 기여하고 있는 정치사, 경제사, 사회사 자체의 혁신에서도 그렇게 될 것이다.[24]

향후 쟁점

환경사가들이 더 관심을 가져야 할 쟁점은 많다. 환경사는 미래 연구의 필요성과 가치가 둘 다 있는 영역이다. 예컨대, 〈환경사의 다음은?〉[25]이라는 주제의 포럼을 다룬《환경사》 2005년 1월호는 선도적인 환경사가 29명의 글을 실었다. 미국인이 아닌 필자가 많은데, 그들은 현재와 가까운 미래의 환경사를 감지하고(또는 하거나) 추천하는 방향에 대해 말하고 있다. 다른 논문에서, 존 맥닐은 이러한 쟁점들을 "아직 (많이) 가지 않은 길"[26]이라고 부른다. 그는 군사 영역, 토양의 역사, 광업, 이주, 바다 환경사를 여기에 포함시켰다.

여기서는 몇 가지 주제만을 논하고자 한다. 가까운 미래에 환경과 환경주의에 가장 중요할 것으로 보이는 주제를 먼저 다룰 것이다. 인구성장, 지방 공동체가 환경에 미치는 영향력의 감소, 에너지와 에너지 자원의 역사, 생물다양성의 실종이 그것이다. 그런 다음, 연구자들이 논문에서 제시한 화제들 중 몇 가지만 선별해서 살펴보고자 한다.

인구 증가

인구는 많은 서사에서 빠질 수 없는 요소임에도 불구하고, 환경사가들은 인구문제를 직접 언급하기를 망설인다. 그 이유는 어렵지 않게 추정할 수 있다. 즉, 인구 증가가 환경파괴의 원인이라고 했다가는 인종주의나 맬서스주의라는 비난에 노출될 수 있다. 맬서스주의는 인구 증가가 그 증가를 지탱하는 데에 필요한 식량 생산을 필연적으로 초과할 것이라고 보는 이론이다. 1만 년 전만 해도 지구상의 인구는 고작 5백만 명에서 1천만 명 정도였다. UN은 2011년 10월 31일부로 세계 인구가 70억 명을 돌파했다고 발표했다. 그리고

2050년에는 인구가 줄잡아 96억 명에 이를 것이며, 그 증가의 90퍼센트가 아프리카에서 일어날 것이라고 조심스럽게 예측했다. 이처럼 인구 증가는 환경파괴를 추동하는 가장 강력한 엔진이다. 급성장하는 인구는 인간이 환경에 미치는 영향의 규모를 더 확대시키고 더 가속화시킨다. 숲 근처의 마을 하나가 땔감을 구하면 문제가 되지 않지만, 그런 마을이 열 개라면 그 양은 허용치를 넘어갈 것이고, 10년 이내에 숲은 파괴되고 말 것이다. 이는 이론상의 이야기가 아니다. 실제로 열대지방에서 이런 일이 많이 발생하고 있다.

가난한 나라 사람들 각자는 환경에 그리 큰 해를 끼치지 않는다. 그러나 소량의 자원 사용도 백만 단위, 10억 단위로 증폭되면 큰 문제가 된다. 더욱이 그들은 훼손된 환경을 복원할 수단도 마땅치 않다. 산업화된 나라에 사는 개인의 환경발자국이 더 크다. 그래서 소폭의 인구 증가도 더 큰 변화를 불러일으킬 수 있다. 최근의 인구증가율 감소는 보건과 교육 개선, 산아제한, 생활수준의 향상, 여성의 출산 결정권 증진의 결과라고 믿고 있다. 그러나 개발도상국의 인구 팽창은 이런 긍정적인 요소들의 영향을 갉아먹는다. 실제로 지금처럼 인구가 팽창한다면, UN의 예측은 너무 신중했다고 판명될 것이다.

환경사에 유사한 선례가 없는 게 아니다. 서기 650~850년에 마야 남쪽의 저지대에서, 그리고 1300년 이전 두 세기 동안 유럽에서 일어났던 것 같은 자원의 수용 한계를 넘어서는 인구 증가세는 많은 정착지의 붕괴와 유기를 낳았다. 인구 증가를 막을 방법, 환경오염과 자원 이용을 통제할 방법이 없다면, 21세기 후반이나 그 직후에 인구 붕괴가 일어날 가능성이 높다. 인구 급증과 붕괴의 역사에 대해 환경사가들도 관심을 가져야 한다. "신맬서스주의"를 훌륭하게 다룬 책으로 비요른 올라 린네르의 《맬서스의 귀환》[27]이 있다. 오티스 그레이엄은 제2차 세계대전 이후 미국의 인구, 자원, 환경을 강조한 교재를 썼다.[28]

정책 결정의 규모

문화와 자연의 관계 정립은 대부분 환경정책에 관한 결정이 이루어지는 규모에 좌우된다. 그렇다면, 환경에 일어날 일을 지역 공동체가 스스로 선택하는 것인가? 아니면 국가적·지역적·국제적 수준에서 실제 결정이 이루어지는가?

역사가 흐르는 방향도 분명해 보이고, 환경사가들이 이 경로를 조사할 필요성도 분명해 보인다. 지역의 결정은 국가와 식민지 권력에 의해 약화되어, 국제기구들이 세계 시장경제를 변형시켜 놓은 20세기에는 글로벌한 권력의 그림자 속으로 밀려났다. 자본주의 국가의 재정 전문가들은 자유무역을 촉진하는 구조를 구축하여 세계의 모든 재생가능자원과 재생불가자원을 개발에 개방시켰다. 여기에는 국제통화기금IMF과 세계은행WB, 관세 및 무역에 관한 일반협정GATT이 포함된다. GATT의 감독기구인 세계무역기구WTO는 주요 강대국을 포함한 160개 회원국을 등에 업고 세계경제를 감독하는 권리를 주장하고 있다. WTO는 끊임없는 성장에만 전념할 뿐 환경보호는 강조하지 않는다. 실제로, WTO의 결정들은 환경유해 제품에 대한 국가적 금지를 무효화시켰다.

글로벌 기구와 다국적기업의 힘이 점점 더 강해지면서, 특히 제3세계 국가들은 식민제국이 쪼개지고 분리주의 운동이 성공하면서 점점 더 작아졌다. 이렇게 축소된 채로 이들 국가는 거액의 자금을 끌어모을 수 있고, 정부 조직보다 더 많은 사람들을 고용할 수 있고 직업과 다른 보상을 약속할 수 있는 막강한 초국가 조직들과 대면하게 되었다. 그러나 지역 주민들은 그런 기업들이 요구하는 숙련 기술이 없기 때문에 지역적 태도와 관습을 공유하지 않는 외지 노동자들이 유입되었다.

칼 맥대니얼과 존 고디가 쓴 환경사 연대기《낙원 매매》[29]를 보면, 나우루섬에서 실제로 이런 일이 일어났다. 이 섬은 비료 제조용 인산염 개발로 숲과 여러 생물이 파괴되었고, 섬 대부분이 사람이 살수 없는 폐허가 되었다. 다른 곳에서는 정부의 수출장려정책, 목재와 여러 원목 제품의 가격 상승, 개발 가능한 숲의 고갈로 벌목을 할수 없게 된 다국적기업이 새로운 자원으로 눈을 돌렸다. 숲에 의존해 살던 지역 사람들에 기업의 이윤 추구가 미친 결과는 재앙에 가까웠다. 보존 어젠다를 표방하는 조직들조차 땅과 자원을 무단으로 도용했다. 그야말로 "녹색 이전투구"[30]가 벌어졌다.

자원 수요와 인구 유입이 가장 많은 곳은 도시지역이다. 산업화가 덜 된 국가의 도시들이 더 빨리 커지는데, 그 도시들의 대부분은 빈민가이다. 예컨대, 이집트 카이로에는 묘지와 쓰레기 더미에 사는 사람들이 있다. 불충분한 사회기반시설을 압박하는 제3세계 거대도시의 인구 급증을 보면 지역 공동체 개념이 무의미할 정도로 위협적이다. 미래의 기술 발전 대부분은 반지역적 세력을 강화시킬 것처럼 보인다. 이런 흐름에 직면해서, 환경사가들은 지역식 도시계획 모델을 수립한 브라질의 쿠리치바 사례를 연구할 필요가 있다. 공원, 보행자 전용도로, 대중교통, 쓰레기처리와 재활용시스템 덕분에 사람들이 살기 좋은 위대한 생태도시로 변모했다.

관심을 세계로 돌려 보면, 후속적인 연구를 할 만한 가치가 있는 UN 프로그램을 발견할 수도 있다. 환경위생에 관한 일을 하는 단체도 여럿 있다. 해양오염과 고래 학살 문제만 다루는 단체도 많다. 유네스코UNESCO의 인간과 생물권▩ 프로그램은 생물보호지역을 설정하여 지역 주민들이 완충지대 내에서 전통적인 경제활동을 지속할 수 있도록 계획했다. UN환경프로그램UNEP은 가장 성공적인 국제환경협약 중 하나인 오존층 파괴물질에 관한 1987년 몬트리올 의정서 같은 협정을 통해 국제 환경법의 기틀을 세우도록 촉진했다.

에너지와 자원

에너지와 에너지 자원의 역사는 환경사의 새로운 분야가 될 또 하나의 영역이다. 산업혁명 이래 인간 사회의 에너지 사용이 크게 늘었지만, 20세기 들어 전례 없는 기하급수적인 성장이 시작되었고 현재까지도 진행 중이다. 에너지 사용에 대한 환경사는 기술이 접근을 허용하는 일련의 자원을 착취하는 이야기다.

가장 먼저 사용된 산업 연료는 숯이 포함된 목재로, 이 연료 사용 때문에 삼림 자원에 대한 수요가 폭증했다.[31] 근대 초기, 연료 수요로 인한 초창기의 목재 위기를 인지한 유럽 정부는 선박 제조와 같은 필수 목적용 목재 공급을 안정시킬 일련의 법들을 제정했다. 예컨대 마이클 윌리엄스가 언급한 것처럼, 1669년 프랑스의 삼림법은 삼림을 정부가 관리하는 경제 부문으로 바꾸고 숯의 생산을 규제했다.[32]

19세기 후반에 들어서면서, 연료 사용은 이론상 재생 가능한 목재 연료에서 재생 불가능한 화석연료로 전환되었다. 그 덕에 유럽의 삼림은 형집행정지를 받은 셈이 되었지만, 오염은 더 악화되었다. 석탄은 먼저 유럽과 북미, 곧이어 세계 여러 지역에서 산업과 교통의 주 연료가 되지만, 20세기 들어 내부연소 엔진이 도입되면서 석탄 우위는 석유와 천연가스에 도전을 받았다. 20세기 중반에 이르자, 석유와 천연가스는 석탄의 에너지 생산과 맞먹거나 이를 넘어서게 되었다. 석유와 천연가스의 시대는 오늘날까지 계속되고 있다. 그러나 이러한 시대가 21세기에 이어질 수 없을 것임을 보여 주는 지표들이 나오고 있다. 이것이 바로 우리 미래가 환경사의 중요한 주제가 되는 이유이다.

환경 재앙

재앙은 환경사에서 다루는 중대한 사건에 포함된다. 자연 재앙과 인적 재앙을 분명하게 구별하기가 점점 더 어려워지고 있다(아마 불가능해질 것이다).[33] 1986년 우크라이나 체르노빌 원전 폭발사고처럼

그림 20
북인도에 사는 조련된 아시아코끼리와 송전선. 이 장면은 다른 두 시대의 대표적인 에너지 형태를 상징한다. 1994년 저자 촬영.

인간의 실수로 발생한 원자력 사고는 환경 변화에 따른 무수한 결과를 초래한다. 일정 지역이 사람이 살 수 없거나 식량을 생산할 수 없는 곳으로 바뀐다. 1960~70년대 영국과 미국이 남동아시아에 사용한 강력한 제초제와 고엽제는 산림과 곡식 파괴용이었으나 이후 생태계 전체를 파괴했다. 야생동물과의 접촉을 포함한 자연적 원인으로 발생하는 역병도 인간의 이동으로 전염이 확산된다. 화산과 쓰나미는 자연현상이지만, 그로 인한 피해는 위험지역에 가옥과 주요 시설을 짓는 인간의 결정 때문에 발생한다. 일본은 후쿠시마 원전 시설을 해안에 지었고, 이탈리아는 미래의 베수비오 화산 폭발로 파괴될 수 있는 지역에 계속 집을 짓고 있다. 잠재적인 재앙지로 이주하는 어리석음과 보호시설 미비에 대해서는 뉴올리언스의 크레이그 콜튼Craig Colten의《위험 장소, 강폭풍》[34]에 묘사되어 있다.

재앙은 오염, 산림파괴, 전쟁이 가져온 환경 피해, 기후변화, 심지어 빈민에게 가한 폭력과 사회적 갈등에서 오는 경우도 적지 않다. 이러한 원인들은 느리고 조금씩 진행되기 때문에 알아채지 못하는 경우가 많다. 이 주제에 대해서는 롭 닉슨Rob Nixon의《느린 폭력》[35]이 다루었다. 이 주제를 다룬 초기 논문들은《폭력적인 환경》[36]에 실려 있다. 로버트 허넌Robert Emmet Hernan의《빌린 이곳 지구》는 근대에 일어난 15개 대재앙의 사례연구를 담고 있다.[37] 역사적 환경 재앙을 다룬 최근의 논문집은 카트린 파이퍼Katrin Pfeifer와 니키 파이퍼Niki Pfeifer가 공동편집한《자연의 힘과 문화적 대응》이 있다.[38]

생물다양성

환경사가들이 관심을 피하진 않았지만 앞으로 더 많은 연구를 해야할 다른 주제는, 지구상의 생물다양성을 구성하는 종의 위대한 오케스트라의 보존과 파괴이다. 이 주제는 앞으로 10여 년 동안 추가적인 연구가 진행되지 않을 수 없다. 셀 수 없이 많은 동식물과의 상호작용은 우리의 심신을 발달시켰고, 사냥과 농업의 역사적 발전을 가져왔다. 인간의 활동은 생물종의 수와 생물 개체수를 감소시켰고, 생물다양성과 생태계의 복합성을 훼손했다.

존 리처드즈의《끝없는 접경》[39]에 따르면, 이러한 일은 여러 시대

그림 21　중국 쓰촨성에 위치한 월롱 판다연구소에 있는 대왕판다들의 모습. 이런 멸종위
기종을 보존하고 재생하려는 시도는 20세기 환경보호운동의 발전적인 측면이다.
1988년 저자 촬영.

를 거쳐 지금에 이르렀다. 로마시대에는 원형극장에 동물들을 몰아
넣었고, 근대 유럽인들은 상업적인 "세계 사냥"을 했다. 현대에는 동
식물 서식지가 파괴되고 어종과 고래 개체수가 줄어들었을 뿐만 아
니라, 아프리카와 인도네시아에서는 야생동물 고기를 얻으려 유인
원 밀렵까지 자행되고 있다. 20세기 말까지 일어난 멸종 규모는 지
질학상 기록으로는 재앙이라고 할 수밖에 없는 수준이다.

　최근 들어 여러 과학자 및 작가들이 생물다양성의 위기를 심각하
게 인식하기 시작했다. 미국 북서부의 점박이부엉이, 중국의 판다,
인도와 시베리아의 호랑이, 아프리카의 코끼리, 꼬뿔소, 사자와 같
이 단일 종의 멸종위기에 대한 우려가 높아지고 있다. 이 종들은 눈

에 잘 띄는 지표이지만, 진짜 문제는 그들이 속해 있는 생태계가 축소되고 있다는 점이다. 그 과정은 "서식지 파괴"라고 불리지만, 실상은 생물공동체의 파괴이다. 이 종들이 서식지에서 사라지고 떠나면서, 공동체의 복합성이 사라졌기 때문이다. 마지막 남은 야생 지역이 나무농장이나 농업산업, 노천광, 발전소, 도시 스프롤〔도시개발이 근접한 미개발 지역으로 확산되는 현상〕에 자리를 내주면서 경제가 야생의 자연으로부터 얻었던 이득도 사라질 거라는 우려가 높다.[40] 과연 이런 현상이 인류 역사에 어떤 영향을 미칠까.

환경 복원

환경 복원은 목초 제거, 재래 동물종 학살, 화학제 살포, 농작 실패와 같은 여러 형태의 인공적 개입으로 심각하게 교란된 생태계를 인간의 적극적인 노력으로 회복시킬 수 있다는 생각이다. 이 프로그램은 다음과 같은 질문을 제기한다. 복원의 목표 지점은 어떤 상태인가? 인간의 개입 이전의 훼손되지 않은 자연이란 어떤 것인가? 원주민이 살고 사냥하던 시대란 구체적으로 언제를 말하는가? 천연자원도 풍부하고 관광으로 소득을 올리던 풍요의 시대는 언제인가? 비록 어떠한 노력으로도 예전의 생태계 구조를 재구성해 낼 수 없을지 모르지만, 환경사는 그 성공과 실패의 사례를 제공할 수 있을 뿐만 아니라, 과거에 존재한 실재적인 조건들을 조사하여 환경 복원에 필요한 기준점을 제시할 수 있다.

생태계 복원의 역사에 관한 연구에는 윌리엄 조던William R. Jordan

그림 22 모잠비크의 고롱고사 국립공원. 1970~80년대 16년간이나 이어진 내전은 이곳 사람들뿐만 아니라 이곳에 살던 동식물까지 파괴했다. 전쟁으로 말미암아 대부분의 야생생물이 사라졌다. 현재 이곳의 생물다양성과 지방 공동체는 복원 중이다. 2012년 저자 촬영.

과 조지 루빅George M. Lubick의 《완전한 자연 복원》과 마커스 홀의 《자연 복구》가 있다. 후자는 이탈리아와 미국의 사례를 설명한다.[41] 엠마누엘 크라이케Emmanuel Kreike는 《나미비아의 산림파괴와 산림 복원》[42]에서 새로운 길을 개척한다. 크라이케는 환경사는 복합적이 며, 생태계 쇠락에 관한 통념이 경험적인 변화에서 나온 것이 아님 을 지적한다. 나미비아의 산림파괴는 재앙의 결과가 아니라, 지역 주민들이 과실수와 소득작물을 심어 이익이 되는 다른 생태계를 만 들면서 야기되었다.

진화와 생명공학

2003년 〈진화의 역사: 새로운 분야를 위한 사용설명서〉[43]라는 논문을 발표한 역사가 에드먼드 러셀Edmund Russell은 2011년에 동일한 주제를 다룬 저서를 출간했다.[44] 여기서 그는 몇몇 사람을 제외한 대부분의 환경사가들이 생물학을 너무 제한적으로 이용한다고 지적했다. 역사가들이 생태학에 관심을 가지면서도 진화에 대해서는 너무 무관심했다는 것이다.

역사가들이 자연선택에 의한 진화론을 어려워했기 때문이 아니다. 21세기의 다른 모든 학자들처럼 역사가들도 종의 변화와 기원을 설명하는 가장 합리적인 이론으로 다윈의 진화론을 받아들인다. 다만, 다윈이 그랬던 것처럼 진화가 매우 더디게 진행되는 과정이라고 생각할 뿐이다. 실제로 지질학에서는 오랜 시간에 걸쳐 극히 작은 변화가 일어난다고 알려져 있다. 그러므로 인간의 생애주기나 몇 세대에 걸쳐 일어나는 역사적 사건에는 영향을 미치지 않는다고 여겼다. 그러나 이러한 사고방식은 이제 한물간 것이 되었다. 자연선택으로 일어나는 진화는 다윈이 생각했던 것보다 더 급속하게 일어나고 있다. 갈라파고스제도 다프네섬의 되새류를 관찰한 생물학자 피터 그랜트Peter R. Grant, 로즈마리 그랜트B. Rosemary Grant의 연구는 이를 보여 준다.[45]

다윈은 비둘기, 개와 같이 번식주기가 짧은 가축들의 인위도태〔특수한 형질을 지닌 것만을 가려 교배하여 그 형질을 일정한 방향으로 변화시키는 일〕를 연구한 신중한 학생이었다. 인간의 살충제, 항생제 사용이 의도

그림 23 뉴질랜드 사우스아일랜드의 양들. 뉴질랜드의 대규모 환경 변화는 그 수가 거주민 보다도 많은 양의 방목이 가져온 결과이다. 2000년 저자 촬영.

치 않게 진화를 가속시켰다는 것은 이제 분명한 사실이다. 우리 인간이 민감한 생물체는 죽고 내성이 강한 생물체만 살아남게 만들었다. 우리의 식량과 육신을 지키려고 생물체에 사용한 바로 그 무기들 때문에, 이 무기에 저항하는 데에 가장 적합한 계통만 살아남도록 만들었다. 특히 경제와 보건 영역에서 나타난 결과는 눈여겨볼 만하다. DDT는 제2차 세계대전 이후 유용하게 쓰였지만, 곤충들이 여기에 내성이 생겨 버리면서 이제 우리는 (일시적인) 효과만 있는 여러 화학제품을 사용할 수밖에 없다. (은유적으로 말해) 페니실린을 비웃는 포도상구균이 있다.

다윈의 진화론에 대해 너무 많은 이야기를 한 것 같다. 오늘날 멘델주의 진영은 거대한 또는 훨씬 거대한 역사적 힘의 작동을 주장한다. 이제 인류는 유전형질의 유전자적 기반을 이해하고, 유전자를 조작해 "디자이너 작물designer crops"을 생산할 수 있게 되면서 성가신 선택 과정을 피할 수 있게 되었다. 유전공학자들은 자연선택도 하지 않고, 자연선택도 할 수 없었던 다양한 생물종을 만들고 있다. 생명공학은 문화와 자연 모두에 영향을 끼칠 것이다. 바로 이 영향을 설명해야 할 역할이 환경사가들에게 주어졌다. 환경사가들이 설명하지 못하면, 다른 학자들이 그 일을 맡아야 한다.[46]

대양과 바다

남아프리카공화국의 역사가인 랜스 반 시테르트Lance van Sittert는 이른바 지구의 "다른 70퍼센트"에 환경사가들이 관심을 가져 달라고 요청한다.[47] 대양은 지구 표면의 대부분을 차지하고, 생물권에서 차지하는 비율이 육지보다 훨씬 크다. 태평양만 해도 지구 표면의 3분의 1을 차지한다. 인간은 이 거대한 소금물을 수송, 무역, 수산업과 고래를 비롯한 해산물의 소비, 자원 채취 등의 방식으로 사용한다. 어떤 인간 공동체는 바다 위에서 살기도 한다. 역사를 돌아보면, 바다는 생명의 원천이었고, 섬 이주를 위한 길목이며, 대륙 발견과 식민화 및 노예제를 가능하게 했다. 바다는 선원들을 시험하고 죽였으며, 사이클론, 태풍, 허리케인 등 이름이 뭐든지 간에 폭풍의 근원지였다. 국가들은 바다 영토를 주장했고, 국제적으로 협의된 해양

그림 24 인도 카르나타카주 웃다라 칸나다에 위치한 쿰타 유역의 아가나시니강 어귀에 있는 맹그로브 나무들. 바다물에 잘 견디는 맹그로브는 물고기가 강가에서 산란할 때 이용하는 중요한 은신처이지만, 새우 양식과 여러 개발로 세계 각지에서 사라지고 있다. 1997년 저자 촬영.

법이 만들어졌다. 오염, 물고기 남획, 멸종 위험성과 산호초 파괴는 사람들의 관심을 불러일으켰다.

이런 많은 연구 기회에도 불구하고, 환경사가들이 이 분야를 많이 연구하지 못한 점은 아쉽다. 사실상, 환경사가들은 보통 "땅"과 "경관"을 전체 환경과 동의어로 취급한다. 브로델의《지중해》[48]와 같은 연구도 사실은 바다가 아닌 그 주변 육지에 대한 역사이다. 아서 맥에보이Arthur F. McEvoy는《어부의 문제》[49]에서 감탄할 만한 예외를 보여 준다. 포울 홀름Poul Holm, 팀 스미스Tim Smith, 데비비드 스타키

David Starkey가 공동편집한《약탈당한 바다: 바다 환경사의 새로운 방향》[50] 등이 출간되었으나, 해양 환경사 총론을 집필하는 작업은 향후 과제로 남아 있다.

우선 환경사를 전공하는 역사가들의 주의와 관심을 자극했던 전지구적 환경문제가 심각해졌고, 그 가짓수도 증가했다. 무엇보다 환경사의 해석 가치가 널리 받아들여져, 자연과 문화를 따로 분리해서 이해할 수는 없다는 인식이 상호침투하고 있다. 여기에 환경사를 연구하고 저술하는 학자들, 특히 젊은 학자들의 수가 1980년부터 수십 년 사이에 급증하여 환경사 전공자들의 학문 공동체가 있는 국가의 목록이 길어졌다는 점은 주목할 만하다.

환경사는 향후 21세기의 역사 서술에도 계속 영향을 미칠 것이 확실하다. 환경사는 단지 역사학의 하위 분과가 아니라, 모든 역사가들이 언제든지 사용할 수 있는 해석 도구이다. 이를 주장한 엘렌 스트라우드Ellen Stroud는 최근 논문에서 통쾌하게 덧붙였다. "만약 여러 역사가가 우리와 함께 흙, 물, 공기, 나무, (인간을 포함한) 동물의 물리적·생물적·생태적 자연에 관심을 둔다면, 그들은 과거에 새로운 질문을 던지고 새로운 답변을 얻는 길로 접어들 것이다."[51]

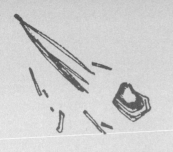
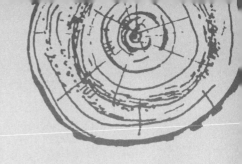

7장

환경사 연구 방안

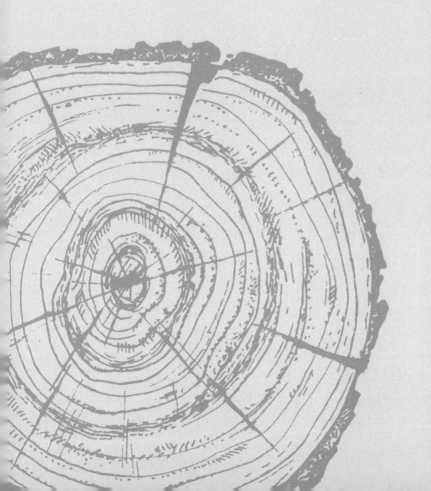

이 장은 환경사 연구에 대한 제안, 환경사 연구 조사, 환경사 서술에 관한 내용으로 구성되어 있다. 이 분야에 관심이 있으나 아직 잘 모르는 사람들을 위한 내용이다. 아직 환경사가 낯선 학부생과 대학원생, 심지어 환경사를 새로운 연구 도구로 삼고 싶은 타 분야 학자들도 도움을 얻을 수 있다. 물론 이 정도 분량으로 환경사를 완벽하게 소개하기는 어렵다. 그러나 환경사 입문자들이 영감을 얻을 만한 실마리는 많을 것이다.

연구 방법

먼저 환경사 연구 방법에 대해 거장들이 쓴 저작을 몇 가지 추천하면서 출발하려 한다. 유용한 길라잡이가 되어 줄 것이다. 도널드 워스터가 쓴 논문집 《지구의 종말》의 부록인 〈환경사 연구〉[1]라는 글이다. 그의 글은 널리 인용되고 있으며, 그럴 만한 가치가 있다. 비교적 최근에 나온 좀 더 상세한 글로는 캐롤린 머천트의 《콜럼비아 판 미국 환경사 안내서》[2]가 있다. 미국의 환경사에 한정된 내용이긴 하지만, 머천트가 건네는 조언의 상당 부분은 세계의 여러 곳에서 연구하고 있는 사람들에게 직접적으로, 혹은 유추를 통해 응용 가능하다. 환경사가들이 묻는 또는 물을 법한 질문들을 정확하게 지적한다는 것이 머천트의 가장 큰 기여이다. 이 책에는 실습용 CD 부록도 있다.[3] 윌리엄 크로넌의 논문 〈이야기 공작소: 자연, 역사, 서사〉는 환경사 이야기 작성을 쉽게 해 줄 몇 가지 원리를 담고 있다.[4] 그의 웹사이트, 특히 '역사 조사 학습'이라는 제목 아래에 있는 내용은 환경사 연구에 매우 유용한 안내 지침을 포함하고 있다.[5] 역사지리학적 접근과 미국이 아닌 지역의 환경사를 연구하는 사람들은 시몬스의《환경사 입문》[6]를 추천할 만하다.

워스터는 환경사가들이 전통 역사학의 한계에서 벗어나 "시간에 따라 인간이 자연환경으로부터 받은 영향과, 거꾸로 인간이 자연환경에 미친 영향 및 그 결과에 대한 우리의 이해"를 심화시켜야 한다고 촉구한다.[7] 그렇게 하려면 환경사는 앞으로 세 가지 연구 노선을 추구해야 한다. 이 세 노선은 각각 분리되어 있는 게 아니라 통합적인 연구를 위한 구성 요소여야 한다.

워스터가 꼽은 첫 번째 노선은 일어나는 변화 속에서 자연을 있는 그대로 이해하려는 시도이다. 즉, 환경사란 1차적으로 환경의 역사 그 자체를 인식하는 것이다. 두 번째 노선은 인간의 경제활동, 사회조직과 이것이 환경에 미치는 영향을 규명하는 데에 몰두하는데, 여기엔 다양한 사회계층이 이 활동을 결정하는 데에 들인 노력도 포함된다. 세 번째 수준의 연구는 인간과 인간 사회가 자연에 대해 가진 모든 생각, 감정, 직관을 포함한다. 여기에는 과학, 철학, 법, 종교 등이 해당된다.

이 세 가지 연구 수준은 모두 이전까지 역사가 아닌 다른 학문 분야에 속한다고 여겼던 도구들을 환경사가들이 직접 장만해야 한다고 요구한다. 그러려면 자연과학, 특히 생태학에 대한 이해가 전제되어야 한다. 두 번째 수준에 도달할 도구는 기술, 인류학과 그 하위 분야인 문화생태학, 경제학 연구에서 나온다. 인식과 가치를 다루는 세 번째 수준은 인문학과 다양한 범위의 이론을 포함한다. "비록 이 이론들의 과거나 현재 영향을 실제적으로 추적하기란 극히 어렵지만"[8] 말이다.

자연에 대한 관념은 모든 사회에서 복잡다단하고 이래저래 모순적이다. 워스터는 역사와 지리의 관계가 중요하다고 강조한다. 역사가들은 시간에 집중하고, 지리학자들은 공간에 집중한다. 그러나 둘 다 "인간과 자연의 본질적인 연결성을 도외시해서는 안 된다."[9] 워스터는 학문 세계 구석구석에서 사용되는 방법론 중 상당수를 환경사 도구로 전유하라는 큰 요구를 하고 있다. 우리는 인간과 자연을 연구한다. 그러므로 인간이나 자연에 관한 것 중 우리의 연구 대상이 아닌 게 무엇이 있겠는가?

캐롤린 머천트는 이 도전에 맞서며 전진하는 방법을 제시한다. 그는 환경사를 연구하는 다섯 가지 접근 방식을 정리했다. 첫 번째 방식은 생태계를 비롯한 환경의 생물적 측면과 인간의 상호작용에 집중한다. 두 번째 방식은 "생태, 생산, 재생산, 아이디어 등 인간과 자연의 상호작용"[10] 수준의 차이를 분석한다. 세 번째 방식은 환경의 정치경제학, 토지 사용 및 자원 사용 정책을 강조한다. 네 번째 방식은 자연사상의 역사를 살펴본다. 다섯 번째는 다음 단락에서 서술할 크로넌의 요점과 비슷한데, 환경사는 서사라는 전제에서 접근하는 방식이다. 인간과 자연에 관한 서사는 과거 인간의 자연 경험에 관한 교훈을 담고 있으며, 현재와 미래의 결정에 도움이 될 충고가 담겨 있다.

환경사 연구에 관한 크로넌의 충고는 풍부하고 다양하며 논쟁적이다. 여기서 쉽게 요약할 수 없을 정도이다. 여기서는 앞서 언급한 그의 논문 〈이야기 공작소: 자연, 역사, 서사〉에 설명된 명쾌하고 유용한 원리들을 언급하는 정도에 그칠 것이다. 크로넌은 다른 역사가들과 마찬가지로 환경사가도 역사를 설명할 때 서사의 틀을 구성한다고 주장한다.

이야기를 만들 때 역사가들은 줄거리를 구성하는 요소들을 선택한다. 그렇게 해서 사실적인 이야기와 지어낸 이야기의 경계를 넘는다. 그렇다고 역사가들이 마음대로 이야기를 꾸며 낼 수는 없다. 모든 이야기가 똑같이 과거를 유효하게 진술하는 건 아니다. 크로넌은 스토리텔링을 제약하는 세 가지가 있다고 지적한다.

첫째, "이야기는 과거에 대해 알려진 사실을 위배해서는 안 된다"[11]는 제약이다. 크로넌이 든 한 가지 사례는, 더스트 볼에 대해 말하지 않고 대평원의 역사를 지속적인 진보의 이야기로 꾸미는 것이다. 그것은 나쁜 역사가 된다. 둘째, 환경사가들이 자연은 그들의 서사 너머에 실재한다고 믿기 때문에 받는 특별한 제약이 있다. 곧 그들의 "이야기는 반드시 생태적 의미를 만들어야 한다"[12]는 제약이다. 환경사가는 생물, 무생물의 생태계에 관한 기록과 연구를 무시하거나 조작해서는 안 된다. 이 말은 이야기가 다루는 시간과 장소의 생태를 환경사가 본인이 알고 있어야 한다는 뜻이다. 마지막으로, 역사가들은 공동체의 일원으로서 역사를 쓰기 때문에 연구를 할 때 그 공동체를 염두에 두어야 한다는 제약이다.[13] 이 말은 학자들은 서사를 구성하는 과정에서 서로 참고하고 유효한 비판은 수용해야 한다는 의미다. 다른 한편, 이 말은 환경사가는 인간 공동체의 더 많은 독자들에 대한 책임이 있다는 의미다. 현재 직면한 환경 위기와 관련해 우리 사회가 어떤 결정을 내릴 때, 환경사가의 작업이 그에 필요한 인식을 제공하기 때문이다.

시몬스는 환경사를 과학적 접근 방식과 인문학적 접근 방식을 결합하고 둘 사이를 중재하는 방법이라고 상상한다. 여기서 문화생태학과 자연생태학이 구분되는데, 각각은 그 단계나 계통이 따로 있다. 환경사는 시간에 따른 두 영역의 상호작용과 상호영향의 경로를 탐구한다. 하지만 문화가 자연에 미친 영향이 자연이 문화에 미친 영향보다 좀 더 심각하고 문제적이다.

문화생태학은 역사적으로 환경과의 다양한 상호작용을 특징으로 하는 여러 단계를 거친다. 그러나 지역이 다르기 때문에 그 변화가 전 세계적으로 균일하지는 않다. 수렵채집과 초기 농업, 하천 문명, 농업제국, 대서양–산업시대, 태평양–세계시대가 그것이다. 자연생태학도 연속된 여러 단계를 거친다. 세계의 다양한 지역마다 자연

생태가 다 다르고, 생태학자들도 그 연속 과정의 복잡성과 임의성을 점점 더 인식하고 있다. 역사 속에서 두 생태학은 서로 영향을 주고받았다. 그 결과, 자연과 문화가 다양한 정도로 우세한 글로벌 모자이크가 만들어진다. 안정적이고 자연적으로 재생되는 생태 공동체가 중간 단계를 대체한다는 "절정" 아이디어는 이제 문제가 많은 주장이다. 이런 곳이 지구상에 거의 남지 않았다.

시몬스는 "인간 사회가 자연 세계를 바꾸는 방법은 신기할 만큼 다양하다"[14]며, 생태계에 영향을 미친 인간 활동 범주를 설명한다. 이 인간 활동에는 (인간 집단에 가치 있는 것으로 밝혀진 초기 단계에서 자연적 계승을 유지하는) 굴절, 간소화, 말살, 길들임, (외래종 전래를 포함한) 다양화, 보호 등이 있다. 그는 세계의 여러 곳에서 이런 생태 과정이 일어난 사례를 제공하고, 인간의 변화에 영향을 덜 받는 자연으로서의 "야생"의 의미와 야생에 대한 태도를 논한다. 그의 마지막 단락은 인용할 만한 가치가 있다.

우리는 우주적·생태적·문화적 차원에서 일어난 진화의 산물이다. 우리는 생태적·문화적 차원의 창조자이기도 하다. 그러나 이전에 사라져 버린 일을 무시할 수 있게 만드는 중지점breakpoint이라는 건 어디에도 없다. 역사는 이야기가 담긴 태피스트리와 같다. 한 부분을 잘라 궤에 넣어 두면, 벽에 걸린 남아 있는 부분이 의미하는 바를 이해할 수 없게 된다.[15]

환경사는 문화를 자연에서 분리하는 것을 거부한다. 똑같이 지리로부터 역사를 잘라 내서도 안 된다.

자료조사

역사 연구 방법을 설명하는 사람들은 항상 근거 자료 조사의 중요성을 강조한다. 대개의 경우에 연구 대상이 되는 시간, 장소, 사람이 가까이 있을수록 더 좋은 양질의 자료가 있기 마련이다. 어쨌든, 연구자들은 문서 자료를 가지고 말하고, 실현 가능하다면 구두 인터뷰로 보충하기노 한다.

예컨대, 장군이 전투 전날에 쓴 원본 일기보다 더 좋은 1차 자료가 있을까? 그 전투를 보지 않은 사람이 나중에 쓴 2차 기록보다 좋은 자료일 가능성이 크다. 환경사가라면 역사 연구 방법을 제대로 이해하고 사용하며, 조사 중인 주제와 관련된 문서 자료를 최대한 수집할 것이다. 관련 서적과 논문은 물론이고, 사업 기록과 과학 보고서, 신문 기록, 당대 사람들의 사고방식을 보여 주는 문헌도 자료가 된다. 인터넷 웹사이트는 매우 유용할 수 있지만, 인쇄 자료보다 수명이 짧다는 걸 기억해야 한다. 연구자가 사이트를 다시 찾지 못하거나, 필요한 페이지가 삭제될 수 있다.

환경사가에게는 연구와 관련해 또 하나의 의무가 있는데, 바로 연구 장소에 익숙해지는 것이다. 태평양 섬 주민들의 격언처럼, 땅은

진실을 알고 있다. 영토는 하고 싶은 이야기가 있다. 경관은 지우고 다시 쓴 페이지가 있어도 읽을 수 있는 책이다. 이는 해당 언어는 물론이고, 역사분야 밖에서 얻을 수 있는 수단을 찾아야 한다는 의미다. 방문해 보지도 않은 나라의 환경사를 쓸 수는 있겠지만, 어려운 작업이 될 것이며 많은 오류를 범할 것이다. 내가 정말로 피하고 싶은 게 바로 이런 방식이다. 불가능한 일이 아니라면, 꼭 그 장소를 봐야 한다.

글을 쓰는 사람은 감각을 통해 그 지역만의 특성들을 많이 배울 수 있다. 예컨대, 오레곤 산꼭대기의 바닷바람 냄새, 페루 아마존 우림의 황달새 오로펜둘라가 둥지로 돌아갈 때 나는 물방울 떨어지는 소리, 토스카나 포도밭과 들판의 기이한 모자이크 무늬, 피지 앞바다 산호초의 거센 파도에 흔들리는 발밑의 모래땅, 더운 날 카르나타카의 스파이스 가든에서 먹는 코코넛 속의 달콤한 물맛. 비록 이런 것들은 책에 담기지 않겠지만, 문서 자료로는 얻을 수 없는 그 지역의 다른 정보들과 결합하면 유익한 정보가 된다.

기억 말고 과거를 방문할 길은 없다. 내 동료 중에는 평생 고대 그리스에 대해 연구하고 가르치는 사람이 있다. 그런데 그는 유럽은 수도 없이 방문하면서 정작 그리스에 가 본 적이 없다. 그 이유를 물으니, "이제 페리클레스는 집에 없어"라고 했다. 사실이다. 아테네의 풍경 역시 기원전 5세기 황금기의 아테네인들이 바라보던 풍경과 다르다. 나무 수는 줄었고, 고대도시 여섯 배 규모의 대도시가 그곳 분지를 꽉 채우고 있다. 그러나 그럼에도 불구하고 환경사가라면 지금의 모습에서 과거를 느끼고 추적할 수 있다.

대리석과 꿀의 생산지인 펜텔리쿠스산과 히메투스산 정상은 여전히 석양빛에 빛나고, 아테네인의 삶에 가장 큰 영향을 미친 바다는 지금도 아티카 반도의 3면을 에워싸고 있다. 고대부터 현대까지 지중해의 주요 작물인 올리브, 빵, 와인으로 이루어진 식사도 여전하다. 환경은 그 자체가 문서 자료를 뛰어넘는 귀중한 증거가 된다. 고고학 기술의 발전은 농장, 밭, 사탕수수 농장 같은 산업의 지도까지 그릴 수 있게 했다.

이제 현미경으로 조사하면 나무나 숯 조각의 종류를 특정하고, 수목연대학을 이용하면 건물에 사용된 서까래의 연도까지 밝혀낸다. 호수 바닥, 동굴, 비교적 훼손되지 않은 장소의 퇴적층에 있는 꽃가루를 조사하는 화분화석학은 해당 지역의 식물의 역사를 추적하여 숲의 훼손과 회복, 다년간에 일어난 농작물 패턴의 변화를 밝히는 증거를 제시해 준다. 퇴적층 연구는 침식률 추정치와 침식 물질의 근원을 알려 준다. 남극과 그린란드 빙하는 기후에 관한 정보뿐 아니라, 오랫동안 층층이 쌓인 눈 층위에서 채취된 공기에서 대기가스와 오염물질에 관한 정보를 추출할 수 있다. 환경사가들은 이런 조사를 정리한 과학적인 보고서에서 확실하거나 도전적인 증거들을 찾을 수 있다. 이를 위해 새로운 용어와 통계 원칙들을 배워야 할지도 모른다.

사실, 환경사가들은 한때 자연사란 이름으로 수용되었던 다양한 분야들에 대한 열정, 연구 대상 지역의 지질학, 기후, 식물, 동물종을 직접 관찰하고 확인하며 이해하려는 열망을 발전시킬 수 있다. 여기서 현장 수첩과 직접 관찰은 박물관 소장품이나 기록물만큼이나 가치가 있을 것이다. 예컨대, 지리학에서 뉴올리언스의 도시환경사를 연구하는 사람은 해당 지층에 건조되면 줄어드는 충적토가 포함되어 있음을 알아야 한다. 그래야 이 도시 대부분이 해수면보다 낮게 위치한 이유를 알 수 있는데, 고질적인 배수 문제와 엄청난 홍수의 원인이 여기에 있다. 2005년 허리케인 카트리나가 오기 전부터, 환경사학자 아리 켈만은 《강과 도시》[16]에서, 역사지리학자 크레이그 콜튼은 《비자연적인 대도시》[17]에서 뉴올리언스의 불안정한 환경을 이야기했다. 두 저자는 사망, 질병, 이재민을 수반하는 허리케인이 훨씬 전부터 이 도시의 환경에서 되풀이된 현상임을 보여 준다. 특히 켈만은 도시가 상업을 위해 강에 의존하면서도 스스로 고립을 자처하고 도시 주위로 흐르는 강에 등을 돌리는 도시와 강의 양면적 관계에 집중했다.

어떤 지역의 생물종과 친숙해지는 일은 그 지역 생태계의 역사적 작용을 논할 때의 전제 조건이다. 어떤 종이 야생종이고 고유종인가? 어떤 종이 사육되다 도망쳐 야생에서 살게 된 종이고, 자연환경으로 방출된 외래종인가? 하와이의 경우, 값비싼 목재를 얻을 수 있는 코아나무는 고유종이고, 타로나무는 폴리네시아 정착민이 카누에 실어 들여온 외래종이다. 아프리카산 다년초는 20세기 초 정원에 장식용으로 심어졌다가 목초지와 용암지대에까지 빠르게 퍼진 종이다. 불에 저항력이 강했기 때문이다. 과거의 환경 상태를 연구의 출발선으로 삼는다면, 인간 활동으로 일어난 이후의 변화를 측정할 수 있다.

자료 출처

오늘날 도서관들은 환경사 관련 자료량을 점점 더 늘려 왔다. 환경사 연구가 진행되고 있거나, 유명한 학자가 속한 대학의 도서관들이 이런 경향이 강하다. 미국의 국회도서관은 말할 것도 없고 캘리포니아·듀크·캔자스·위스콘신·메인대학교, 영국국립도서관·옥스포드·케임브리지·더럼·세인트앤드루·스털링대학교, 오스트레일리아의 오스트레일리아국립대학교, 뉴질랜드의 오타고대학교, 남아프리카공화국의 남아프리카공화국대학교가 대표적이다. 미국에서는 콜로라도주 덴버에 위치한 덴버공립도서관에 소재한 환경보호도서관이 오래동안 지속된 자료수집 프로그램을 재추진하고 이 분야의 연구자들을 후원하고 있다.

　가장 주목할 만한 도서관은 노스캐롤라이나주 더럼에 위치한 삼림역사학회도서관이다. 듀크대학교와 제휴를 맺고 있는 이 도서관은 세계에서 가장 많은 삼림 역사 자료를 소장하고 있으며, 환경사 도서도 마찬가지다. 세계에서 유일한 사진 자료와 구전역사 자료를 특별 보관하는 장소도 마련되어 있다. 숲과 환경보호, 환경사에 대한 훌륭한 연구 목록집도 보유하고 있다. 도서관 소장 자료는 웹사이트를 통해 쉽게 검색할 수 있다.[18] 유럽 환경사학회도 연구 목록을 수집 및 정리 중이며 인터넷을 통해 검색할 수 있다.[19] 물론 특정한 환경사 주제를 연구할 필요성은 다 다르다. 그래서 도서관을 찾을 때에는 그러한 필요에 비추어 소장 자료의 장단점을 잘 따져 보아야 한다. 환경사 분야에서도 지리학적 연구 목록에 대해서는 앞에서 많이 다루었다. 환경사 추천 도서에 실려 있는 참고문헌 목록, 특히 최신 참고문헌 목록이 도움이 될 것이다. 참고문헌 없이 각주만 있는 경우에는 더 많은 조사가 필요하다.

환경사에 관한 글을 쓰려고 하는 사람은 이 분야 연구의 표본이 되는 책을 꼼꼼히 읽는 것보다 더 좋은 준비는 없다. 검증 시간을 충분히 거친, 깊은 사고를 내포한 고전, 혹은 논란의 중심에 있는, 그 학문과 방법론에서 최신을 달리는 신작 모두 좋은 표본이 될 수 있다. 설사 그 책이 다루는 주제가 본인의 주제와 다르더라도 도움이 될 수 있다.

나는 이 책이 표본이 될 만한 환경사 저자를 찾는 데에 도움이 되길 바란다. 그러나 모든 학계의 일이 그렇듯이, 어떤 선택을 하든지 논란의 대상이 될 수 있다. 이 책도 나의 의도와 상관없이 중요한 저자들의 이름을 적지 않게 빠트렸을 것이라고 본다. 물론 환경사를 대표하는 학자들 이름은 대부분 실었다. 그들의 명단은 참고문헌 목록에서 찾을 수 있다. 최근 활발해진 환경사학계 분위기에서 아직 젊거나 무명 학자들의 글이 매달 발표되고 있다. 그들의 새로운 접근법, 방법론, 통찰, 문체까지도 따라서 해 볼 만하다.

이런 책을 쓰는 사람들만 저자는 아니다. 시간과 기회가 허락하는 대로, 자신이 통찰한 바를 자유롭게 공유하려는 홍미로운 사람들이 더러 있다. 환경사 문화를 알 수 있는 한 가지 방법은 환경사가들이 연구 결과를 제출하고 서로 질문하고 비판하는 학술대회와 학술모임에 참석하는 것이다. 물론, 학술대회에서 진행되는 일의 절반은 논문이 발표되는 공식 석상 바깥에서 일어난다. 카페와 식당, 술집 근처 홀, 게시판 공지나 구두로 이루어진 즉석 모임, 환경역사 유적지 답사 등등. 나도 유럽 환경사학회 학술대회 기간에 마련된 답사를 통해 스코틀랜드 어촌과 체코 성, 피렌체 지도 보관소를 방문했다.

대학교, 학과, 박물관, 연구소, 출판사와 함께 매년 혹은 격년으로 학술대회를 열던 협회들이 국제환경사단체협의회International Consortium of Environmental History Organizations를 설립했다. 이 협의회의 웹사이트 링크를 통해 이 협회의 정보를 이용할 수 있다.[20] H-환경 토론네트워크H-Environment Discussion Network[21]도 유용한 서평, 뉴스, 정보를 제공한다.

8장

환경사의 미래

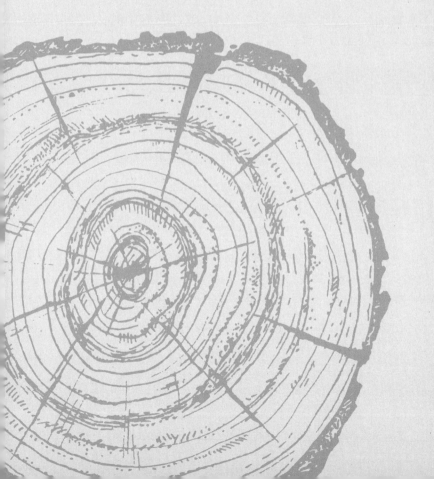

* 이 장은 원서 7장의 결론 부분을 따로 떼어 재배치한 것이다.

환경사는 급속도로 성장하고 있는 분야이다. 존 맥닐이 탄식했듯이, "그 보조를 맞출 수 있는 인간이 없다."[1] 빠른 성장은 어린 유기체의 특징이다. 그런 다음에는 으레 성숙과 쇠퇴 단계가 뒤따른다. 그런데 인간 활동의 경우, 채워져야 할 필요가 있는 한 성장은 계속된다. 환경사에 대한 수요가 많고, 그 수요는 당분간 사라지지 않을 것이다.

미래의 소비자이자 후원자가 될 학생들과 대중에게 유익한 지식과 흥미를 제공하는 학문으로 살아남으려면, 역사학에도 환경사와 같은 새로운 시각이 끊임없이 필요하다. 다행히 초반의 저항기 이후, 역사학도 학술 모임과 학회지를 개방하는 등 낡은 방법에 도전할 접근 방식을 모색하고 있다. 1884년 창립된 미국 최대의 역사가협회인 미국역사학회는 2012년 윌리엄 크로넌을 회장으로 선출했다.

많은 대학과 국가에 환경사 강좌가 개설되고, 환경사 연구자를 위한 자리들이 생기기 시작했다. 주로 중등교육 과정에서 환경사를 가르친다. 환경사의 이론과 접근 방법은 기존 역사학 하위 분과들의 글쓰기에 또 다른 차원을 더했다. 이전에는 외면받던 "환경사란 무엇인가?"라는 질문이 이제는 역사가들 사이에서 철학적 탐구 대상이 되었다. 아직도 명확한 답변을 하기가 어려운데도 말이다.

그림 25 인도 델리에 위치한 레드 포트를 방문한 학생과 교사들의 모습. 인구 증가의 가장 중요한 결과는 환경 교육을 비롯한 교육의 필요성이다. 1992년 저자 촬영.

환경사가 지속될 수 있었던 또 하나의 이유는, 환경사가 간학문적인 사고의 출발점이 되었다는 점이다. 환경사가 다른 분과학문 연구자들과의 협력으로 가는 문호를 개방해 준 셈이다. 많은 지리학자 및 역사가들이 환경사라는 공통 기반 위에서 수많은 연구 업적을 달성했다. 이 현상을 다룬 좋은 연구로는 앨런 베이커Alan H. R. Baker의 《지리와 역사: 분리된 두 분야를 잇는 방법》[2]이 있다. 미국지리학회 학회지인 《지리학 비평Geographical Review》는 1998년 특집호 〈역사지리와 환경사〉에 동일한 제목의 크레이그 콜튼의 서문과 마이클 윌리엄스의 논문 〈현대사의 종말?〉[3]을 실었다. 역사와 생태학 사이의 비교적 넓은 간극을 이을 다리 공사를 요구한 윌리엄스의 논문 〈환경사와 역사지리의 관계〉[4]도 읽어 보면 좋다. 일부 환경사가들이 그러한 시도를 했는데, 도널드 워스터의《자연의 경제학》[5]이 대표적이다. 소수의 훌륭한 연구 중에서 프랭크 골리Frank B. Golley의《생태학의 생태계 개념의 역사》[6]는 확실히 언급할 만한 가치가 있다.

환경사의 지속적인 성장을 바라는 가장 절박한 이유는 환경적 우려가 지속을 넘어 확대되고 있기 때문이다. 인간이 지구 생태계에 미치는 영향의 증가는 우리를 유토피아는커녕 생존 위기로 몰아 가는 중이다. 이러한 인식이 지구 전체의 명석한 해설가들 사이에서 점점 더 확산되고 있다. 남은 21세기를 전망해 보자면, 많은 주제들이 세계 환경의 변화 과정에 집중될 것이 분명해 보인다. 지속가능성이란 무엇인가? 그것으로 이제까지 달성한 것이 무엇인가? 글로벌 기후변화는 어떤 결과를 초래했는가?

인구성장도 이 주제에 해당한다. 인구성장은 인간이 지구에 가하는 압력의 증폭 장치다. 인구증가율은 감소하겠지만, 이미 역사상 전례 없는 규모에 도달했고, 그 절대량은 계속 팽창할 것이다. 또 하나의 주제는, 환경에 영향을 미치는 정책을 결정할 때 일어나는 지역사회와 더 큰 주체(국가와 세계)의 갈등이다. 예컨대, 다국적기업을 상대하는 작은 국가는 자국의 토지와 삼림에 대한 착취를 자체적으로는 막을 수 없다. 세 번째 주제는 생물다양성에 대한 복합적인 위협이다. 동식물 멸종과 공격적인 외래종의 유입, 아직 제대로 규명되지 않은 유전자변형생물의 다양한 영향이 여기에 포함된다. 네

그림 26 에콰도르 갈라파고스제도 산타크루즈섬에 위치한 찰스다윈연구소에 유일하게 남아 있는 핀타섬 종의 대형 거북 "따분한 조지". 전경에 앉아 있는 새들이 그 유명한 "다윈의 방울새류"이다. 1996년 저자 촬영.

번째 주제는 물 같은 필수 에너지와 물질에 대한 수요와 공급의 간극을 줄이는 문제와 많은 자원의 고갈 가능성이다.

크리스토프 마우흐Christof Mauch와 리비 로빈이 공동편집한 논문집《환경사의 가장자리》[7]에 추가적인 연구 과제가 소개되어 있다. 이 주제들은 제각기 도전장을 내밀 것이다. 그리고 다른 주제들과 더불어 인간의 창의성을 시험할 것이다. 도대체 어떤 변화가 긍정적인 반응을 산출할지 따지면서 말이다.

환경사의 타당성이 증가하는 이유가 바로 인류의 불행에서 나온다는 것은 정말이지 유감스러운 일이다. 이러한 불행은 전쟁, 테러,

경제 부정의보다 개선하기가 훨씬 더 어렵다. 그러나 이 문제에 대한 답을 찾을 때, 환경사는 현 상황에 이르게 된 역사적 과정에 대한 지식과 과거의 문제 및 해결책 사례, 반드시 다루어야 할 역사적 힘들에 대한 분석 같은 근본적인 시각을 줄 수 있다. 이러한 시각이 없다면, 편협한 이해관계에 기반한 근시안적인 정책 결정을 피하기 어려울 것이다. 환경사는 우리의 안이하고 태평한 답들을 수정하는 데에 기여한다.

미주

1장_환경사 개념

[1] Donald Worster, "Doing Environmental History," in Worster, ed., *The Ends of the Earth: Perspectives on Modern Environmental History*, Cambridge: Cambridge University Press, 1988, pp. 289-307, 인용은 p. 290.

[2] William Cronon, "A Place for Stories: Nature, History, and Narrative," *The Journal of American History* 78, no. 4 (March 1992): 1347-76, 인용은 p. 1373.

[3] Carolyn Merchant, "The Theoretical Structure of Ecological Revolutions," *Environmental Review* 11, no. 4 (Winter 1987): 265-74.

[4] Pádua, José Augusto, "The Theoretical Foundations of Environmental History," *Estudos Avançados* 24, no. 68 (2010): 81-101, 인용은 p. 83.

[5] Warren Dean and Stuart B. Schwartz, *With Broadax and Firebrand: The Destruction of the Brazilian Atlantic Forest*, Berkeley: University of California Press, 1995.

[6] Jared Diamond, *Guns, Germs, and Steel: The Fates of Human Societies*, New York: W. W. Norton, 1997.

[7] Hippocrates, *Airs, Waters, Places*, 편집 및 번역 W. H. S. Jones. Cambridge, MA: Harvard University Press, 1923.

[8] William H. McNeill, *Plagues and Peoples*, New York: Random House, 1998.

[9] Alfred W. Crosby, Jr., *The Columbian Exchange: Biological and Cultural Consequences of 1492*, Westport, CT: Greenwood Press, 1972; 30th edn. 2003.

[10] John Iliffe, *The African AIDS Epidemic: A History*, Columbus: Ohio University Press, 2006; John R. McNeill, *Mosquito Empires: Ecology and War in the Greater Caribbean, 1620-1914*, New York: Cambridge University Press, 2010.

[11] Robert B. Marks, *Tigers, Rice, Silk and Silt: Environment and Economy in Late Imperial South China*, Cambridge: Cambridge University Press, 1998.

[12] John Opie, *Ogallala: Water for a Dry Land*, Lincoln: University of Nebraska Press, 1993.

[13] J. R. McNeill, *Something New Under the Sun: An Environmental History of the Twentieth-Century World*, New York: W. W. Norton, 2000.

[14] Worster, "Doing Environmental History," p. 293.

[15] Roderick F. Nash, *Wilderness and the American Mind*, New Haven: Yale University Press, 1967; Roderick F. Nash and Char Miller, *Wilderness and the American Mind*, 5th edn. New Haven: Yale University Press, 2014.

[16] J. Donald Hughes, *North American Indian Ecology*, El Paso: Texas Western Press, 1996; Shepard Krech, *The Ecological Indian: Myth and History*, New York: W. W.

Norton, 2000.

[17] Gregory D. Smithers, "Beyond the 'Ecological Indian': Environmental Politics and Traditional Ecological Knowledge in Modern North America," *Environmental History* 20, no. 1 (January 2015): 83-111, 인용은 pp. 83-4.

[18] Peter Coates, *Nature: Western Attitudes Since Ancient Times*, Berkeley: University of California Press, 2004.

[19] John R. McNeill, "Observations on the Nature and Culture of Environmental History," *History and Theory* 42 (December 2003): 5-43, 인용은 p. 9.

[20] Worster, "Doing Environmental History," p. 293.

[21] J. M. Powell, *Historical Geography and Environmental History: An Australian Interface*, Clayton: Monash University Department of Geography and Environmental Science, Working Paper no. 40, 1995.

[22] William A. Green, "Environmental History," in *History, Historians, and the Dynamics of Change*. Westport, CT: Praeger, 1993, pp. 167-90.

[23] Stephen Dovers, "Australian Environmental History: Introduction, Reviews and Principles," in Dovers, ed., *Australian Environmental History: Essays and Cases*, Oxford: Oxford University Press, pp. 1-20; 인용은 p. 7.

[24] Ian Gordon Simmons, *Changing the Face of the Earth: Culture, Environment, History*, Oxford: Blackwell, 1989.

[25] Ian Gordon Simmons, *Environmental History: A Concise Introduction*, Oxford: Blackwell, 1993.

[26] Andrew Goudie, *The Human Impact on the Natural Environment*, Hoboken, NJ: Wiley-Blackwell, 2013.

[27] Riley E. Dunlap, "Paradigmatic Change in Social Science: From Human Exemptions to an Ecological Paradigm," *American Behavioral Scientist* 24, no. 1 (September 1980): 5-14, 인용은 p. 5.

[28] William R. Catton, Jr. and Riley E. Dunlap, "A New Ecological Paradigm for Post-Exuberant Sociology," *American Behavioral Scientist* 24, no. 1 (September 1980): 15-47; John Rodman, "Paradigm Change in Political Science: An Ecological Perspective," *American Behavioral Scientist* 24, no. 1 (September 1980): 49-78; Herman E. Daly, "Growth Economics and the Fallacy of Misplaced Concreteness: Some Embarrassing Anomalies and an Emerging Steady-State Paradigm," *American Behavioral Scientist* 24, no. 1 (September 1980): 79-105; Donald L. Hardesty, "The Ecological Perspective in Anthropology," *American Behavioral Scientist* 24, no. 1 (September 1980): 107-24.

[29] William H. McNeill, *Plagues and Peoples*, Garden City, NY, Anchor Press, 1976; Crosby, *The Columbian Exchange*.

[30] Crosby, *The Columbian Exchange*.

31 Samuel P. Hays, *A History of Environmental Politics since 1945*, Pittsburgh, PA: University of Pittsburgh Press, 2000.

32 Oliver A. Houck, *Taking Back Eden: Eight Environmental Cases that Changed the World*, Washington, DC: Island Press, 2011.

33 Dimitris Stevis, "International Relations and the Study of Global Environmental Politics: Past and Present," in Robert A. Denemark, ed., *International Studies Encyclopedia*, Malden, MA: Wiley-Blackwell, 2010, pp. 4476-507.

34 Inge Røpke, "The Early History of Modern Ecological Economics," *Ecological Economics* 50 (2004): 293-314.

35 Clarence J. Glacken, *Traces on the Rhodian Shore: Nature and Culture in Western Thought from Ancient Times to the End of the Eighteenth Century*, Berkeley: University of California Press, 1967.

36 Lynn White, "The Historical Roots of Our Ecologic Crisis," *Science* 155 (1967): 1203-7.

37 Matthew T. Riley, "A Spiritual Democracy of All God's Creatures: Ecotheology and the Animals of Lynn White, Jr.," in Stephen Moore, ed., *Divinanimality: Animal Theory, Creaturely Theology*, New York: Fordham University Press, 2014.

38 Gilbert LaFreniere, *The Decline of Nature: Environmental History and the Western Worldview*, Bethesda, MD: Academica Press, 2007.

39 Emmanuel Le Roy Ladurie, *Times of Feast, Times of Famine: A History of Climate since the Year 1000*, Garden City, NY: Doubleday, 1971.

40 예컨대 H. H. Lamb, *Climate, History and the Modern World*, London: Routledge, 1995를 보라.

41 Christian Pfister, 500 *Jahre Klimavariationen und Naturkatastrophen 1496-1996*, Bern: Paul Haput, 1999.

42 Spencer R. Weart, *The Discovery of Global Warming: Revised and Expanded Edition*, Cambridge, MA, Harvard University Press, 2008.

43 Richard Grove and John Chappell, eds., *El Niño, History and Crisis: Studies from the Asia-Pacific Region*, Cambridge: White Horse Press, 2000.

44 이 사례에 대한 정보는 Brent D. Shaw, "Climate, Environment, and History: The Case of Roman North Africa," in T. M. L. Wigley, M. J. Ingram, and G. Farmer, eds., *Climate and History: Studies in Past Climates and Their Impact on Man*, Cambridge: Cambridge University Press, 1981. 또 Diana K. Davis, *Resurrecting the Granary of Rome: Environmental History and French Colonial Expansion in North Africa*, Columbus: Ohio University Press, 2007을 보라.

45 Paul B. Sears, "Ecology – A Subversive Subject," *BioScience* 14, no. 7 (July 1964): 11-13.

46 Robert P. McIntosh, *The Background of Ecology: Concept and Theory*, Cambridge:

Cambridge University Press, 1985, 인용은 p. 1.

47 Paul Shepard and Daniel McKinley, eds., *The Subversive Science: Essays Toward an Ecology of Man*, Boston, MA: Houghton Miffl in, 1969.

48 Paul Shepard, "Introduction: Ecology and Man – A Viewpoint," in Shepard and McKinley, *The Subversive Science*, pp. 1-10, 인용은 p. 7.

49 Victor E. Shelford, *Laboratory and Field Ecology*, Baltimore, MD: Williams and Wilkins, 1929, p. 608.

50 Aldo Leopold, "Wilderness" (undated fragment), Leopold Papers 10-6, 16 (1935). Curt Meine, *Aldo Leopold: His Life and Work*, Madison: University of Wisconsin Press, 1988, pp. 359-60에서 재인용.

51 이 아이디어는 Roderick Nash, "Rounding Out the American Revolution: Ethical Extension and The New Environmentalism," in Michael Tobias, ed., *Deep Ecology*, SanDiego, CA: Avant Books, 1985.에서 발견한 것이다.

52 Douglas R. Weiner, "A Death-Defying Attempt to Articulate a Coherent Defi nition of Environmental History," *Environmental History* 10, no. 3 (July 2005): 404-20, 인용은 p. 409.

53 Joachim Radkau, *Nature and Power: A Global History of the Environment*, New York: Cambridge University Press, 2008.

54 바이너는 인디언 사례를 Mike Davis, *Late Victorian Holocausts: El Niño Famines and the Making of the Third World*, London: Verso, 2001에서 빌려 옴.

55 Mark David Spence, *Dispossessing the Wilderness: Indian Removal and the Making of the National Parks*, New York: Oxford University Press, 2000.

56 Emily Wakild, *Revolutionary Parks: Conservation, Social Justice, and Mexico's National Parks, 1910-1940*, Tucson: University of Arizona Press, 2011.

2장_환경사의 선구자들

1 Herodotus, *The Histories*, 1.174, trans. Aubrey de Sélincourt. Harmondsworth, UK: Penguin Books, 1972.

2 Herodotus, *The Histories*, 6.75-80.

3 Thucydides, *History of the Peloponnesian War*, 1.2, trans. Rex Warner. Harmondsworth, UK: Penguin Books, 1972.

4 Thucydides, *History of the Peloponnesian War*, 4.108.

5 Thucydides, *History of the Peloponnesian War*, 4.3,11 (Pylos); 6.90 (Alcibiades).

6 Plato, *Critias*, 111, trans. Desmond Lee. Harmondsworth, UK: Penguin Books, 1977.

7 Albert F. Verwilghen, *Mencius: The Man and His Ideas*, New York, St. John's University Press, 1967.

8 Mencius 6.A.8. 맹자의 인용문은 달리 명시하지 않는 한 D. C. Lau, *Mencius*. London, Penguin Books, 1970 번역에서 가져옴. 이 단락은 pp. 164-5에서 인용.

9 Philip J. Ivanhoe, "Early Confucianism and Environmental Ethics," in Mary Evelyn Tucker and John Berthrong, eds., *Confucianism and Ecology: The Interrelation of Heaven, Earth, and Humans*, Cambridge, MA, Harvard University Press, 1998, pp. 59-76; see pp. 68-9.

10 Mencius 7.A.24, p. 187.

11 Mencius 4.A.1, p. 118; 4.A.14, p. 124.

12 Mencius 6.B.7, p. 176.

13 Xenophon *Oeconomicus* 4.8-9.

14 Herrlee G. Creel, *Chinese Thought from Confucius to Mao Tse-tung*, Chicago: University of Chicago Press, 1953, p. 82.

15 Mencius 7.B.14, p. 196.

16 Mencius 3.B.3, p. 108.

17 Mencius 1.A.3, p. 51. 또 7.A.22, p. 186을 보라. 여기서는 약간 다르지만 동일한 문구가 반복된다.

18 Mencius 7.B.34, p. 201; 1.B.9, p. 68.

19 Cicero, *De Natura Deorum* 2.60, trans. H. Rackham. Cambridge, MA: Harvard University Press, 1951.

20 Ibn Khaldûn, *The Muqaddimah: An Introduction to History*, trans. Franz Rosenthal. New York: Pantheon Books, Bollingen Series 43, 1958.

21 Khaldûn, *The Muqaddimah*, pp. 252-7.

22 Khaldûn, *The Muqaddimah*, p. 308.

23 Clarence J. Glacken, *Traces on the Rhodian Shore*, Berkeley: University of California Press, 1967, pp. 213-14, 349-50.

24 Glacken, *Traces on the Rhodian Shore*, pp. 259-61.

25 Charles R. Young, *The Royal Forests of Medieval England*, Philadelphia: University of Pennsylvania Press, 1979, pp. 2-3. Quoted from Dorothy Whitelock, ed., *The Anglo-Saxon Chronicle*, New Brunswick, NJ: Rutgers University Press, 1961, p. 165.

26 Ronald E. Zupko and Robert A. Laures, *Straws in the Wind: Medieval Urban Environmental Law, The Case of Northern Italy*, Boulder, CO: Westview Press, 1996.

27 Richard H. Grove, *Green Imperialism: Colonial Expansion, Tropical Island Edens and the Origins of Environmentalism, 1600-1860*, Cambridge: Cambridge University Press, 1995.

28 Richard H. Grove, "Origins of Western Environmentalism," *Scientific American* 267, no. 1, July 1992: 42-7.

29 Grove, *Green Imperialism*, p. 221.

30 Grove, *Green Imperialism*, p. 203, 206.

31 Grove, *Green Imperialism*, p. 371.

32 George Perkins Marsh, *Man and Nature*, 1864, ed. David Lowenthal. Cambridge, MA: The Belknap Press of Harvard University Press, 1965, 인용은 pp. 10-11.

33 Marsh, *Man and Nature*, p. 52.

34 Marsh, *Man and Nature*, p. 43.

35 Marsh, *Man and Nature*, p. 15.

36 전체 학술지명은 *Annales: Economies, Sociétés, Civilisations*이다.

37 Peter Burke, *The French Historical Revolution: The Annales School, 1929-89*, Stanford, CA: Stanford University Press, 1990. 비록 버크는 환경사와의 연관성을 논의하지 않지만, 아날학파를 다룬 이 책은 읽을 만한 가치가 있다.

38 Lucien Febvre, *A Geographical Introduction to History*, New York: Alfred A. Knopf, 1925.

39 Febvre, *A Geographical Introduction to History*, p. 85.

40 Febvre, *A Geographical Introduction to History*, p. 171.

41 Febvre, *A Geographical Introduction to History*, p. 355.

42 Febvre, *A Geographical Introduction to History*, p. 288.

43 Fernand Braudel, *The Mediterranean and the Mediterranean World in the Age of Philip II*, trans. Siân Reynolds. New York: Harper & Row, 1972 (1판 1949; 2판 1966).

44 Braudel, *The Mediterranean*, p. 25.

45 Braudel, *The Mediterranean*, p. 142.

46 Braudel, *The Mediterranean*, p. 239.

47 Braudel, *The Mediterranean*, p. 268.

48 Emmanuel Le Roy Ladurie, *Times of Feast, Times of Famine: A History of Climate since the Year 1000*, 1967. Garden City, NY: Doubleday, 1971.

49 Frederick Jackson Turner, "The Significance of the Frontier in American History," AHA, *Annual Report for the Year 1893*, Washington, DC: American Historical Association, 1893, pp. 199-227.

50 Walter Prescott Webb, "Geographical-Historical Concepts in American History," *Annals of the Association of American Geographers* 50: 85-93.

51 James C. Malin, *The Grassland of North America: Prolegomena to Its History*, Gloucester, MA: Peter Smith, 1967 (1판 1947).

3장_미국 환경사의 출현

1 J. R. McNeill, "Observations on the Nature and Culture of Environmental History," *History and Theory, Theme Issue* 42 (December 2003): 5-43.

2 McNeill, "Observations," p. 5.

3 Stewart Udall, *The Quiet Crisis*, New York: Holt, Rinehart and Winston, 1963. 이 책은 25년 뒤에 *The Quiet Crisis and the Next Generation*, Salt Lake City, UT: Peregrine Smith, 1988으로 재출간되었다.

4 Samuel P. Hays, *Conservation and the Gospel of Efficiency*, Cambridge: Cambridge University Press, 1959.

5 Adam Rome, "Conservation, Preservation, and Environmental Activism: A Survey of the Historical Literature." National Park Service website, "History: Links to the Past." http://www.cr.nps.gov/history/hisnps/NPSThinking/nps-oah.htm.

6 Roderick Nash, *Wilderness and the American Mind*, New Haven, CT: Yale University Press, 1967.

7 Samuel Hays, "From Conservation to Environment: Environmental Politics in the United States since World War II," *Environmental Review* 6, no. 2 (1982): 14-41; Samuel Hays, *Beauty, Health, and Permanence: Environmental Politics in the United States, 1955-1985*, Cambridge: Cambridge University Press, 1987.

8 Rachel Carson, *Silent Spring*, Boston, MA: Houghton Miffl in, 1962, p. 6.

9 John Opie, "Environmental History: Pitfalls and Opportunities," *Environmental Review* 7, no. 1 (Spring 1983), 8-16.

10 Sean Kheraj, "Scholarship and Environmentalism: The Infl uence of Environmental Advocacy on Canadian Environmental History" *Acadiensis* 43, no. 1 (Winter/Spring 2014): 195-206를 보라.

11 Richard White, "American Environmental History: The Development of a New Historical Field," *Pacific Historical Review* 54 (August 1985): 297-337. 동일한 저자의 회고 논문인 "Afterword, Environmental History: Watching a Historical Field Mature," *Pacific Historical Review* 70 (February 2001): 103-11도 참고하라.

12 *The Journal of American History* 76, no. 4 (March 1990): 1087-147.

13 Carolyn Merchant, *The Columbia Guide to American Environmental History*, New York: Columbia University Press, 2002.

14 Alfred W. Crosby, Jr., *The Columbian Exchange: Biological and Cultural Consequences of 1492*, Westport, CT: Greenwood Press, 1972; 30th edn. 2003.

15 Calvin Luther Martin, *Keepers of the Game: Indian-Animal Relationships and the Fur Trade*, Berkeley: University of California Press, 1978.

16 Joseph M. Petulla, *American Environmental History*, Columbus, OH: Merrill Publishing, 1988, 1st edn. Boyd & Fraser, 1977.

17 John Opie, *Nature's Nation: An Environmental History of the United States*, Fort Worth, TX: Harcourt Brace, 1998.

18 Ted Steinberg, *Down to Earth: Nature's Role in American History*, New York: Oxford University Press, 2002.

19 Carolyn Merchant, *American Environmental History: An Introduction*, New York:

Columbia University Press, 2007.

[20] Mark Fiege, *The Republic of Nature: An Environmental History of the United States*, Seattle: University of Washington Press, 2012.

[21] Walter Prescott Webb, *The Great Plains*, Boston: Ginn and Company, 1931; James C. Malin, *The Grassland of North America: Prolegomena to Its History*, Gloucester, MA: Peter Smith, 1967 (orig. publ. 1947).

[22] Wilbur R. Jacobs, "Frontiersmen, Fur Traders, and Other Varmints: An Ecological Appraisal of the Frontier in American History," *AHA Newsletter* (November 1970): 5-11.

[23] Donald Worster, *Dust Bowl: The Southern Plains in the 1930s*, New York: Oxford University Press, 1979. Paul Bonnifield: *The Dust Bowl: Men, Dirt, and Depression*, Albuquerque: University of New Mexico Press, 1979. 이러한 저작들을 비교 서평한 William Cronon, "A Place for Stories: Nature, History, and Narrrative," *Journal of American History* 78, no. 4 (March 1992): 1347-76을 보라.

[24] Andrew Isenberg, *The Destruction of the Bison: An Environmental History, 1750-1920*, Cambridge: Cambridge University Press, 2001.

[25] Carolyn Merchant, ed., *Green versus Gold: Sources in California's Environmental History*, Washington, DC: Island Press, 1998.

[26] William Cronon, *Changes in the Land: Indians, Colonists, and the Ecology of New England*, New York: Hill and Wang, 1983.

[27] Carolyn Merchant, *Ecological Revolutions: Nature, Gender, and Science in New England*, Chapel Hill: University of North Carolina Press, 1989.

[28] Richard W. Judd, *Second Nature: An Environmental History of New England*, Amherst, MA: University of Massachusetts Press, 2014.

[29] Albert E. Cowdrey, *This Land, This South: An Environmental History*, Lexington: University of Kentucky Press, 1983.

[30] Carville Earle, "The Myth of the Southern Soil Miner: Macrohistory, Agricultural Innovation, and Environmental Change," in Donald Worster, ed., *The Ends of the Earth*, Cambridge: Cambridge University Press, 1988, pp. 175-210.

[31] Otis Graham, "Again the Backward Region? Environmental History in and of the American South," *Southern Cultures* 6, no. 2 (2000): 50-72.

[32] Paul S. Sutter and Christopher J. Manganiello, *Environmental History and the American South: A Reader*, Athens: University of Georgia Press, 2009.

[33] David Lowenthal, *George Perkins Marsh, Prophet of Conservation*, Seattle: University of Washington Press, 2000. 이 책의 초판본은 *George Perkins Marsh: Versatile Vermonter*, New York: Columbia University Press, 1958.

[34] Stephen R. Fox, *John Muir and His Legacy: The American Conservation Movement*, Boston: Little, Brown, 1981; Michael P. Cohen, *The Pathless Way: John Muir and American Wilderness*, Madison: University of Wisconsin Press, 1984; Thurman

Wilkins, *John Muir: Apostle of Nature*, Norman: University of Oklahoma Press, 1995; Donald Worster, *A Passion for Nature: The Life of John Muir*, New York: Oxford University Press, 2008.

35 Steven J. Holmes, *The Young John Muir: An Environmental Biography*, Madison: University of Wisconsin Press, 1999.

36 Donald Worster, *A River Running West: The Life of John Wesley Powell*, New York: Oxford University Press, 2001.

37 Harold T. Pinkett, *Gifford Pinchot: Private and Public Forester*, Chicago: University of Illinois Press, 1970; Char Miller, *Gifford Pinchot and the Making of Modern Environmentalism*.

38 Paul R. Cutright, *Theodore Roosevelt: The Making of a Conservationist*, Chicago: University of Illinois Press, 1985; Douglas Brinkley, *The Wilderness Warrior: Theodore Roosevelt and the Crusade For America*, New York: HarperCollins, 2009; A. L. Reisch-Owen, *Conservation under FDR*, New York: Prager, 1983.

39 David B. Woolner and Henry L. Henderson, eds., *FDR and the Environment*, New York: Palgrave Macmillan, 2009.

40 Susan L. Flader, *Thinking Like a Mountain: Aldo Leopold and the Evolution of an Ecological Attitude toward Deer, Wolves, and Forests*, Madison: University of Wisconsin Press, 1994.

41 Linda Lear, *Rachel Carson: Witness for Nature*, New York: Henry Holt, 1997.

42 Harold K. Steen, *The US Forest Service: A Centennial History*, Seattle: University of Washington Press, 2004; Samuel P. Hays, *The American People and the National Forests: The First Century of the US Forest Service*, Pittsburgh: University of Pittsburgh Press, 2009; Paul W. Hirt, *A Conspiracy of Optimism: Management of the National Forests since World War II*, Lincoln: University of Nebraska Press, 1996.

43 Alfred Runte, *National Parks: The American Experience*, Lincoln: University of Nebraska Press, 1979; Richard W. Sellars, *Preserving Nature in the National Parks*, New Haven, CT: Yale University Press, 1997.

44 2004년 NCPH와 ASEH는 캐나다 빅토리아에서 공동학술회의를 개최했는데, 참가자가 700명이 훌쩍 넘었다.

45 예컨대 Richard J. Lazarus, *The Making of Environmental Law*, Chicago: University of Chicago Press, 2004를 보라.

46 Michael P. Cohen, *The History of the Sierra Club, 1892-1970*, San Francisco: Sierra Club Books, 1988.

47 Byron E. Pearson, *Still the Wild River Runs: Congress, the Sierra Club, and the Fight to Save the Grand Canyon*, Tucson: University of Arizona Press, 2002.

48 Martin V. Melosi, *Garbage in the Cities: Refuse, Reform, and the Environment, 1880-1980*, Pittsburgh, PA: University of Pittsburgh Press, 2005; 1981년판의 재간

행본; *The Sanitary City: Environmental Services in Urban America from Colonial Times to the Present*, Pittsburgh, PA: University of Pittsburgh Press, 2008; *Effluent America: Cities, Industry, Energy, and the Environment*, Pittsburgh, PA: University of Pittsburgh Press, 2001.

49 Joel Tarr, *The Search for the Ultimate Sink: Urban Pollution in Historical Perspective*, Akron, OH: Akron University Press, 1996.

50 William Cronon, *Nature's Metropolis: Chicago and the Great West*, New York: W. W. Norton, 1992.

51 Mike Davis, *The Ecology of Fear: Los Angeles and the Imagination of Disaster*, New York: Metropolitan Books, 1998; Ari Kelman, *A River and Its City: The Nature of Landscape in New Orleans*, Berkeley: University of California Press, 2003: Matthew Klingle, *Emerald City: An Environmental History of Seattle*, New Haven, CT: Yale University Press, 2009.

52 Martin V. Melosi, "Equity, Eco-Racism, and the Environmental Justice Movement," in J. Donald Hughes, ed., *The Face of the Earth*, Armonk, NY: M. E. Sharpe, 2000, pp. 47-75.

53 Robert D. Bullard, ed., *Unequal Protection: Environmental Justice and Communities of Color*, San Francisco: Sierra Club Books, 1994.

54 Carolyn Merchant, *Earthcare: Women and the Environment*, New York: Routledge, 1995; Carolyn Merchant, *The Death of Nature: Women, Ecology, and the Scientific Revolution*, New York: Harper and Row, 1980도 보라.

55 Susan R. Schrepfer, *Nature's Altars: Mountains, Gender and American Environmentalism*, Lawrence: University Press of Kansas, 2005; Jennifer Price, *Flight Maps: Adventures with Nature in Modern America*, Cambridge, MA: Basic Books, 2000.

56 Elizabeth D. Blum, "Linking American Women's History and Environmental History: A Preliminary Historiography." ASEH website : http://www.h-net.org/~environ/historiography/uswomen.htm. (2005. 08 접속)

57 Nancy C. Unger, *Beyond Nature's Housekeepers: American Women in Environmental History*, New York: Oxford University Press, 2012.

58 *Environmental History*는 Durham, North Carolina에서 출간됨.

59 Jeffrey K. Stine and Joel A. Tarr, "At the Intersection of Histories: Technology and the Environment," *Technology and Culture* 39, no. 4 (1998): 601-40.

60 Carroll Pursell, *The Machine in America: A Social History of Technology*, Baltimore, MD: Johns Hopkins University Press, 1995.

61 Martin V. Melosi, *Garbage in the Cities: Refuse, Reform, and the Environment*, Pittsburgh, PA: University of Pittsburgh Press, 2005; *Coping with Abundance: Energy and Environment in Industrial America*, Philadelphia: Temple University Press, 1985.

62 www.udel.edu/History/gpetrick/envirotech.를 보라.

63 Dolly Jørgensen, Finn Arne Jørgensen, and Sara B. Pritchard, *New Natures: Joining Environmental History with Science and Technology Studies*, Pittsburgh: University of Pittsburgh Press, 2013.

64 Alfred W. Crosby, "The Past and Present of Environmental History," *American Historical Review* 100, no. 4 (October 195): 1177-89.

65 Donald Worster, "Arranging a Marriage: Ecology and Agriculture," *The Wealth of Nature: Environmental History and the Ecological Imagination*, New York: Oxford University Press, 1993, pp. 64-70; 이 글은 Carolyn Merchant, ed., *Major Problems in American Environmental History: Documents and Essays*, Lexington, MA: D. C. Heath, 1993에 재출간됨.

66 Mart A. Stewart, "If John Muir Had Been an Agrarian: American Environmental History West and South," *Environment and History* 11, no. 2 (May 2005): 139-62.

67 Michael Williams, *Deforesting the Earth: From Prehistory to Global Crisis*, Chicago: University of Chicago Press, 2003, p. 5.

68 Harold K. Steen, *The Forest History Society and Its History*, Durham, NC: Forest History Society, 1996.

69 Michael Williams, *Americans and Their Forests: A Historical Geography*, Cambridge: Cambridge University Press, 1992; Thomas R. Cox, Robert S. Maxwell, and Philip D. Thomas, eds, *This Well-Wooded Land: Americans and Their Forests from Colonial Times to the Present*, Lincoln: University of Nebraska Press, 1985.

70 Richard Grove, "Environmental History," in Peter Burke, ed., *New Perspectives in Historical Writing*, Cambridge: Polity, 2001, pp. 261-82.

71 Marcus Hall, *Earth Repair: A Transatlantic History of Environmental Restoration*, Charlottesville: University of Virginia Press, 2005.

4장_지방, 지역, 국가의 환경사

1 J. Donald Hughes, "Environmental History – World," in David R. Woolf, ed., *A Global Encyclopedia of Historical Writing*, 2 vols. New York: Garland Publishing, 1998, vol. 1, pp. 288-91.

2 여러 논문과 방대한 연구 목록은 다음을 보라. *The Indonesian Environmental History Newsletter*, no. 12 (June 1999), published by EDEN (Ecology, Demography and Economy in Nusantara), KITLV (Koningklijk Institut voor Taal-, Land-en Volkenkunde, Royal Institute of Linguistics and Anthropology), PO Box 9515, 2300 RA Leiden, Netherlands.

3 Tim Flannery, *The Future Eaters: An Ecological History of the Australasian Lands and People*, New York: George Braziller, 1994.

4 Tim Flannery, *The Eternal Frontier: An Ecological History of North America and Its*

Peoples, New York: Atlantic Monthly Press, 2001.

5 Madhav Gadgil and Ramachandra Guha, *This Fissured Land: An Ecological History of India*, Berkeley: University of California Press, 1992.

6 Donald Worster, "World Without Borders: The Internationalizing of Environmental History," *Environmental Review* 6, no. 2 (Fall 1982): 8-13.

7 만일 워스터의 연설문을 포함한다면 논문 수는 각각 27편, 11편이 된다. Kendall E. Bailes, ed., *Environmental History: Critical Issues in Comparative Perspective*, Lanham, MD: University Press of America, 1985.

8 *Environmental Review* 8, no. 3 (Fall 1984).

9 Peter Coates, "Emerging from the Wilderness (or, from Redwoods to Bananas): Recent Environmental History in the United States and the Rest of the Americas," *Environment and History* 10, no. 4 (November 2004): 407-38, 특히 "Of Mice (Beaver?) and Elephants: Canada and North American Environmental History," pp. 421-3.

10 Graeme Wynn and Matthew Evenden, "Fifty-four, Forty, or Fight? Writing Within and Across Boundaries in North American Environmental History," 이 논문은 다음 학술대회에서 발표되었다. "The Uses of Environmental History," Centre for History and Economics, University of Cambridge, UK, January 13-14, 2006.

11 Graeme Wynn, guest editor, "On the Environment," *BC Studies* 142, no. 3 (summer/autumn 2004); Graeme Wynn, *Canada and Arctic North America: An Environmental History*, Santa Barbara: ABC-CLIO, 2007.

12 Alan MacEachern and William J. Turkel, *Method and Meaning in Canadian Environmental History*, Toronto: Nelson, 2009.

13 Laura Sefton MacDowell, *An Environmental History of Canada*, Seattle: University of Washington Press, 2012.

14 Theodore Binnema, *Common and Contested Ground: A Human and Environmental History of the Northwest Plains*, Norman: University of Oklahoma Press, 2001; Douglas Harris, *Fish, Law and Colonialism: The Legal Capture of Salmon in British Columbia*, Toronto: University of Toronto Press, 2001; Arthur J. Ray, "Diffusion of Diseases in the Western Interior of Canada, 1830-1850," *Geographical Review* 66 (1976): 156-81; Jody F. Decker, "Country Distempers: Deciphering Disease and Illness in Rupert's Land before 1870," in Jennifer Brown and Elizabeth Vibert, eds., *Reading Beyond Words: Documenting Native History*, Calgary: Broadview Press, 1996; Mary-Ellen Kelm, "British Columbia's First Nations and the Infl uenza Pandemic of 1918-1919," *BC Studies* 122 (1999): 23-48: *Home is the Hunter: The James Bay Cree and Their Land*, Seattle: University of Washington Press, 2008; Hans Carlson, *Home is the Hunter: The James Bay Cree and Their Land*, Seattle: University of Washington Press, 2009.

15 Neil Forkey, *Shaping the Upper Canadian Frontier: Environment, Society, and*

Culture in the Trent Valley, Calgary: University of Calgary Press, 2003; Matthew Hatvany, *Marshlands: Four Centuries of Environmental Changes on the Shores of the St. Lawrence*, Sainte-Foy: Les Presses de l' Université Laval, 2004; Clint Evans, *The War on Weeds in the Prairie West: An Environmental History*, Calgary: University of Calgary Press, 2002.

16 Richard Rajala, *Clearcutting the Pacific Rain Forest*, Vancouver: University of British Columbia Press, 1998; Jean Manore, *Cross-Currents: Hydroelectricity and the Engineering of Northern Ontario*, Waterloo: Wilfred Laurier Press, 1999; Matthew Evenden, *Fish versus Power: An Environmental History of the Fraser River*, Cambridge: Cambridge University Press, 2004.

17 Tina Loo, "Making a Modern Wilderness: Wildlife Management in Canada, 1900-1950," *Canadian Historical Review* 82 (2001): 91-121; John Sandlos, "From the Outside Looking In: Aesthetics, Politics and Wildlife Conservation in the Canadian North," *Environmental History* 6, no. 1 (2001): 6-31; Kurkpatrick Dorsey, *The Dawn of Conservation Diplomacy: US–Canadian Wildlife Protection Treaties in the Progressive Era*, Seattle: University of Washington Press, 1998.

18 Suzanne Zeller, *Inventing Canada: Early Victorian Science and the Idea of a Transcontinental Nation*, Toronto: University of Toronto Press, 1987; Stephen Bocking, *Ecologists and Environmental Politics: A History of Contemporary Ecology*, New Haven, CT: Yale University Press, 1997; Stéphane Castonguay, *Protection des cultures, construction de la nature: L'entomologie economique au Canada*, Saint-Nicolas: Septentrion, 2004.

19 Michelle Dagenais, "Fuir la ville: villégiature et villégiatures dans la region de Montréal, 1890-1940," *Revue d'histoire de l'Amerique française* 58, no. 3 (spring 2005).

20 Stephen Bocking, guest editor, "The Nature of Cities," special issue of *Urban History Review* 34, no. 1 (Fall 2005).

21 Ken Cruikshank and Nancy B. Bouchier, "Blighted Areas and Obnoxious Industries: Constructing Environmental Inequality on an Industrial Waterfront, Hamilton, Ontario, 1890-1960," *Environmental History* 9 (2004): 464-96.

22 Stephen Castonguay and Michele Dagenais, *Metropolitar Natures: Environmental Histories of Montreal*, Pittsburgh: University of Pittsburgh Press, 2011.

23 Catriona Mortimer-Sandilands, "Where the Mountain Men Meet the Lesbian Rangers: Gender, Nation, and Nature in the Rocky Mountain National Parks," in Melody Hessing, Rebecca Ragion, and Catriona Sandilands, eds., *This Elusive Country: Women and the Canadian Environment*, Vancouver: UBC Press, 2004; Tina Loo, "Of Moose and Men: Hunting for Masculinities in the Far West," *Western Historical Quarterly* 32 (2001): 296-319.

24 Richard Charles Hoffmann, *Fishers' Craft and Lettered Art: Tracts on Fishing from*

the End of the Middle Ages, Toronto: University of Toronto Press, 1997; ____, *Land, Liberties and Lordship in a Late Medieval Countryside: Agrarian Structures and Change in the Duchy of Wroclaw*, Philadephia: University of Pennsylvania Press, 1989.

25 Verena Winiwarter et al., ed., "Environmental History in Europe from 1994 to 2004: Enthusiasm and Consolidation," *Environment and History* 10, no. 4 (November 2004): 501-30.

26 Mark Cioc, Björn-Ola Linnér, and Matt Osborn, "Environmental History Writing in Northern Europe," *Environmental History* 5, no. 3 (July 2000): 396-406.

27 Michael Bess, Mark Cioc, and James Sievert, "Environmental History Writing in Southern Europe," *Environmental History* 5, no. 4 (October 2000): 545-56.

28 Leos Jelecek, Pavel Chromy, Helena Janu, Josef Miskovsky, and Lenka Uhlirova, eds., *Dealing with Diversity*, Prague: Charles University in Prague, Faculty of Science, 2003; Mauro Agnoletti, Marco Armiero, Stefania Barca, and Gabriella Corona, eds., *History and Sustainability*, Florence: University of Florence, Dipartimento di Scienze e Tecnologie Ambientali e Forestali, 2005.

29 Peter Brimblecombe and Christian Pfister, *The Silent Countdown: Essays in European Environmental History*, Berlin: Springer-Verlag, 1990.

30 Timo Myllyntaus and Mikko Saikku, eds., *Encountering the Past in Nature*, Athens: Ohio University Press, 2001.

31 Matt Osborn, "Sowing the Field of British Environmental History," 2001. http://www.h-net.org/ ~environ/historiog raphy/british.htm.

32 W. G. Hoskins, *The Making of the English Landscape*, London: Hodder and Stoughton, 1955; repr. 1977.

33 H. C. Darby, *A New Historical Geography of England*, 2 vols.: *Before 1600; After 1600*, Cambridge: Cambridge University Press, 1976.

34 I. G. Simmons, *An Environmental History of Great Britain: From 10,000 Years Ago to the Present*, Edinburgh: Edinburgh University Press, 2001.

35 Keith Thomas, *Man and the Natural World: Changing Attitudes in England 1500-1800*, London: Allen Lane,1983.

36 John Sheail, *An Environmental History of Twentieth-Century Britain*, New York: Palgrave, 2002.

37 Oliver Rackham, *An Illustrated History of the Countryside*, London: Weidenfeld and Nicolson, 2003; ____, *Trees and Woodland in the British Landscape: A Complete History of Britain's Trees, Woods and Hedgerows*, London: Phoenix Press, 2001; ____, *The History of the Countryside*, London: J. M. Dent and Sons, 1993.

38 B. W. Clapp, *An Environmental History of Britain since the Industrial Revolution*, London: Longman, 1994.

39 Peter Brimblecombe, *The Big Smoke: A History of Air Pollution in London Since*

Medieval Times, London: Methuen, 1987.

40 Dale H. Porter, *The Thames Embankment: Environment, Technology, and Society in Victorian London, Akron*, OH: The University of Akron Press, 1998.

41 T. C. Smout, *Nature Contested: Environmental History in Scotland and Northern England since 1600*, Edinburgh: Edinburgh University Press, 2000; _____, *People and Woods in Scotland: A History*, Edinburgh: Edinburgh University Press, 2003. _____, ed., *Scotland Since Prehistory: Natural Change & Human Impact*, Aberdeen: Scottish Cultural Press, 1993; _____, and R. A. Lambert eds., *Rothiemurchus: Nature and People on a Highland Estate 1500-2000*, Edinburgh: Scottish Cultural Press, 1999도 보라.

42 Fiona Watson, *Scotland: From Prehistory to Present*, Stroud, UK: Tempus Publishing, 2003.

43 T. C. Smout, Alan R. MacDonald, and Fiona J. Watson, *A History of the Native Woodlands of Scotland, 1520-1920*, Edinburgh: Edinburgh University Press, 2005.

44 T. C. Smout and Mairi Stewart, *The Firth of Forth: An Environmental History*, Edinburgh: Birlinn, 2013.

45 Francis Ludlow, Juliana Adelman, and Poul Holm, "Environmental History in Ireland," *Environment and History* 19, no. 2 (2013): 247-52.

46 *Annales* 29, no. 3 (1993).

47 Pascal Acot, *Histoire de l'écologie*, Paris: Presses Universitaires de France, 1988; J. M. Drouin, *Réinventer la nature: l'ecologie et son histoire*, Paris: Desclée de Brower, 1991.

48 Noelle Plack, *Common Land, Wine, and the French Revolution: Rural Society and Economy in Southern France*, Farnham: Ashgate, 2009.

49 Françoise d'Eaubonne, *Le Féminisme ou la mort (Feminism or Death!)*, Paris: Horay, 1974.

50 Joseph Szarka, *The Shaping of Environmental Policy in France*, New York: Berghahn Books, 2002; Emile Leynaud, *L'Etat et la Nature: L'exemple des parcs nationaux français*, Florac: Parc National des Cevennes, 1985.

51 Andrée Corvol, *L'Homme aux bois: Histoire des relations de l'homme et de la forêt, XVIIIe-XXe siécles* (*Man in the Woods: A history of Human–Forest Relations, Eighteenth to the Twentieth Centuries*), Paris: Fayard, 1987; Louis Badré, *Histoire de la forêt française* (*History of the French Forest*), Paris: Les Éditions Arthaud, 1983.

52 R. Neboit-Guilhot and L. Davy, *Les Français dans leur environnement*, Paris: Nathan, 1996.

53 Michael Bess, *The Light-Green Society: Ecology and Technological Modernity in France, 1960-2000*, Chicago: University of Chicago Press, 2004.

54 Christoph Bernhardt and Geneviève Massard-Guilbaud, eds., *Le Démon moderne: La pollution dans les sociétés urbaines et industrielles d'Europe* (*The Modern*

Demon: Pollution in Urban and Industrial European Societies), Clermont-Ferrand: Presses Universitaires Blaise-Pascal, 2002; Dieter Schott, Bill Luckin and Geneviève Massard-Guilbaud, eds., *Resources of the City: Contributions to an Environmental History of Modern Europe*, Aldershot: Ashgate, 2005.

55 Verena Winiwarter, *Umweltgeschichte: Eine Einführung* (*Environmental History: An Introduction*), Stuttgart: UTB, 2005.

56 Christian Pfister, *Wetternachhersage: 500 Jahre Klimavariationen und Naturkatastrophen, 1496-1995 (Evidence of Past Weather: 500 Years of Climatic Variations and Natural Catastrophes, 1496-1995*), Bern: P. Haupt, 1999.

57 Joachim Radkau, *Nature and Power: A Global History of the Environment*, New York: Cambridge University Press, 2008; Joachim Radkau, *The Age of Ecology*, Cambridge: Polity, 2014.

58 Joachim Radkau and Frank Uekötter, *Naturschutz und Nationalsolialismus* (*Nature Protection and National Socialism*), Berlin: Campus Fachbuch, 2003.

59 Anna Bramwell, *Blood and Soil: Richard Walther Darré and Hitler's "Green Party."* Abbotsbrook, Bourne End, Buckinghamshire: Kensal Press, 1985.

60 Mark Cioc, "Germany," in Shepard Krech III, J. R. McNeill, and Carolyn Merchant, eds., *Encyclopedia of World Environmental History*, 3 vols. New York: Routledge, 2004, vol. 3, p. 586.

61 Mark Cioc, *The Rhine: An Eco-Biography, 1815-2000*, Seattle: University of Washington Press, 2002.

62 Raymond H. Dominick, *The Environmental Movement in Germany: Prophets and Pioneers, 1871-1971*, Bloomington: Indiana University Press, 1992.

63 Markus Klein and Jürgen W. Falter, *Der Lange Weg der Grünen* (*The Long Path of the Greens*), Munich: C. H. Beck, 2003.

64 G. P. van de Ven, *Man-made Lowlands: History of Water Management and Land Reclamation in the Netherlands*, Utrecht: Uitgeverij Matrijs, 1993.

65 Henny J. van der Windt, *En Dan, Wat Is Natuur Nog in Dit Land? Natuurbescherming in Nederland 1880-1990*, Amsterdam: Boom, 1995.

66 *Jaarboek voor Ecologische Geschiednis*, Ghent/Hilversum: Academia Press and Verloren.

67 Petra J. E. M. van Dam, *Vissen in Veenmeeren: De sluisvisserij op aal tussen Haarlem en Amsterdam en de ecologische transformatie in Rijnland, 1440-1530*, Hilversum: Verloren, 1998.

68 William H. TeBrake, *Medieval Frontier: Culture and Ecology in Rijnland*, College Station: Texas A&M University Press, 1984

69 Piet H. Nienhuis, *Environmental History of the Rhine-Meuse Delta: An Ecological Story on Evolving Human-Environmental Relations Coping with Climate Change and*

Sea-Level Rise, New York: Springer, 2008.

70 Christophe Verbruggen, Erik Thoen, and Isabelle Parmentier, "Environmental History in Belgian Historiography," *Journal of Belgian History* 43, no. 4 (2013): 173-86.

71 Andrew Jamison, Ron Eyerman, and Jacqueline Cramer, *The Making of the New Environmental Consciousness: A Comparative Study of the Environmental Movements in Sweden, Denmark and the Netherlands*, Edinburgh: Edinburgh University Press, 1990.

72 Per Eliasson, ed., *Learning from Environmental History in the Baltic Countries*, Stockholm: Liber Distribution, 2004.

73 Timo Myllyntaus, "Writing about the Past with Green Ink: The Emergence of Finnish Environmental History." http://www.h-net.organization/ ~environ/historiography/ finland.htm; also in Erland Marald and Christer Nordlund, eds., *Skrifter fran forskningsprogrammet Landskapet som arena nr X*, Umea: Umea University, 2003.

74 Yrjö Haila and Richard Levins, *Humanity and Nature: Ecology, Science and Society*, London: LPC Group, 1992.

75 예컨대 Jussi Raumolin, *The Problem of Forest-based Development as Illustrated by the Development Discussion, 1850-1918*, Helsinki: University of Helsinki, Dept of Social Policy, 1990.

76 Simo Laakkonen, *Vesiensuojelun synty: Helsingin ja sen merialueen ympäristöühistoriaa 1878-1928 (The Origins of Water Protection in Helsinki, 1878-1928)*, Helsinki: Gaudeamus, 2001 (with English summary); "Beauty on the Water? Two Turning Points in Stockholm's Water-Protection Policy," in Simo Laakkonen and S. Thelin, eds., *Living Cities: An Anthology in Urban Environmental History*, Stockholm: Swedish Research Council Formas, pp. 306-31; "Cold War and the Environment: The Role of Finland in International Environmental Politics in the Baltic Sea Region," *Ambio* 36, nos. 2-3 (2007): 229-36; "War and Natural Resources in History: Introduction," *Global Environment* 10 (2013): 8-15.

77 T. Aarnio, J. Kuparinen, F. Wulff, S. Johansson, Simo Laakkonen, and E. Kessler, eds., *Science and Governance of the Baltic Sea*, Stockholm: Kungliga Svenska Vetenskapsakademien, 2007.

78 Ulrike Plath, "Environmental History in Estonia," *Environment and History* 18, no. 2 (May 2012): 305-8.

79 L. Anders Sandberg and Sverker Sörlin, *Sustainability, the Challenge: People, Power, and the Environment*, Vancouver: Black Rose Press, 1998.

80 Sverker Sörlin and Anders Öckerman, *Jorden en Ö: En Global Miljöhistoria (Earth an Island: A Global Environmental History)*, Stockholm: Natur och Kultur, 1998.

81 Thorkild Kjærgaard, *The Danish Revolution, 1500-1800: An Ecohistorical Interpretation*, trans. David Hohnen. Cambridge: Cambridge University Press, 1994.

82 Leos Jelecek, Pavel Chromy, Helena Janu, Josef Miskovsky, and Lenka Uhlirova, eds., *Dealing with Diversity: 2nd International Conference of the European Society for Environmental History Prague 2003*, 2 vols. (*Proceedings and Abstract Book*), Prague: Charles University in Prague, Faculty of Science, 2003.

83 Lajos Rácz, *Climate History of Hungary Since the 16th Century: Past, Present and Future*, Pécs: MTA RKK, 1999; _____, *The Steppe to Europe: An Environmental History of Hungary in the Traditional Age*, Cambridge: White Horse Press, 2013.

84 Jószef Laszlovszky and Peter Szabó, eds., *People and Nature in Historical Perspective*, Budapest: CEU Press, 2003.

85 Andrea Kiss, "A Brief Overview on the Roots and Current Status of Environmental History in Hungary," *Environment and History* 19, no. 3 (August 2013): 391-4.

86 Drago Roksandic, Ivan Mimica, Natasa Stefanec and Vinca Gluncic-Buzancic, eds., *Triplex Confi nium (1500-1800)*, Split and Zagreb: Knjizevni Krug, 2003.

87 J. Donald Hughes, *Sto je povijest okolisa?* trans. Damjan Lalovic. Zagreb: Disput, 2011.

88 Hrvoje Petric, "Environmental History in Croatian Historiography," *Environment and History* 18, no. 4 (2012): 623-7.

89 Douglas R. Weiner, *Models of Nature: Ecology, Conservation, and Cultural Revolution in Soviet Russia*, Bloomington: Indiana University Press, 1988; 2nd edn. 2000.

90 Douglas R. Weiner, *A Little Corner of Freedom: Russian Nature Protection from Stalin to Gorbachëv*, Berkeley: University of California Press, 1999.

91 Douglas R. Weiner, "Russia and the Soviet Union," in Shepard Krech III, J. R. McNeill, and Carolyn Merchant, eds., *Encyclopedia of World Environmental History*, 3 vols. New York: Routledge, 2004, vol. 3, pp. 1074-80.

92 Paul Josephson, Nicolai Dronin, Ruben Mnatsakanian, Aleh Cherp, Dmitry Efremenko, and Vladislav Larin, *An Environmental History of Russia*, Cambridge: Cambridge University Press, 2013.

93 John R. McNeill, *The Mountains of the Mediterranean World: An Environmental History*, Cambridge: Cambridge University Press, 1992.; J. R. McNeill, "Mediterranean Sea," in Shepard Krech III, J. R. McNeill, and Carolyn Merchant, eds., *Encyclopedia of World Environmental History*, 3 vols. New York: Routledge, 2004, vol. 2, pp. 826-8도 보라.

94 J. Donald Hughes, *The Mediterranean: An Environmental History*, Santa Barbara, CA: ABC-CLIO, 2005.

95 Alfred T. Grove and Oliver Rackham. *The Nature of Mediterranean Europe: An Ecological History*, New Haven: Yale University Press, 2001.

96 Peregrine Horden and Nicholas Purcell, *The Corrupting Sea: A Study of Mediterranean History*, Oxford: Blackwell, 2000.

97 Karl W. Butzer, "Environmental History in the Mediterranean World: Cross-

Disciplinary Investigation of Causeand-Effect for Degradation and Soil Erosion," *Journal of Archaeological Science* 32 (2005): 1773-800.

[98] J. Donald Hughes, *Pan's Travail: Environmental Problems of the Ancient Greeks and Romans*, Baltimore, MD: Johns Hopkins University Press, 1994.

[99] J. Donald Hughes, *Environmental Problems of the Greeks and Romans: Ecology in the Ancient Mediterranean*, Baltimore, MD: Johns Hopkins University Press, 2014.

[100] Manuel Gonzáles de Molina and J. Martínez-Alier, eds., *Naturaleza Transformada: Estudios de Historia Ambiental en España* (*Nature Transformed: Studies in Environmental History in Spain*), Barcelona: Icaria, 2001.

[101] Juan García Latorre, Andrés Sánchez Picón, and Jesús García Latorre, "The Man-Made Desert: Effects of Economic and Demographic Growth on the Ecosystems of Arid Southeastern Spain," *Environmental History* 6, no. 1 (January 2001): 75-94.

[102] Antonio Ortega Santos, "Agroecosystem, Peasants, and Confl icts: Environmental History in Spain at the Beginning of the Twenty-fi rst Century," *Global Environment* 4 (2009): 156-79.

[103] Alberto Vieira, ed., *História e Meio-Ambiente o Impacto da Expansão Europeia* (*History and Environment: The Impact of the European Expansion*), Funchal, Madeira: Centro de Estudos de História do Atlântico, 1999.

[104] Inês Amorim and Stefania Barca, "Environmental History in Portugal," *Environment and History* 18, no. 1 (February 2012): 155-8.

[105] Piero Bevilacqua, *La mucca è savia: Ragioni storiche della crisi alimentare europea* (*The Savvy Cow: History of the European Food Crisis*), Rome: Donzelli, 2002.

[106] Piero Bevilacqua, *Tra natura e storia: Ambiente, economie, risorse in Italia* (*Between Nature and History: Environment, economy, and resources in Italy*), Rome: Donzelli, 1996.

[107] Marco Armiero and Marcus Hall, eds., *Nature and History in Modern Italy*, Athens: Ohio University Press, 2010.

[108] Chloe A. Vlassopoulou, "Automobile Pollution: Agenda Denial vs. Agenda Setting in Early 20th-Century France and Greece," in Mauro Agnoletti, Marco Armiero, Stefania Barca, and Gabriella Corona, eds., *History and Sustainability*, Florence: University of Florence, Dipartimento di Scienze e Tecnologie Ambientali e Forestali, 2005, pp. 252-6.

[109] Chloe A. Vlassopoulou and Georgia Liarakou, eds., *Perivallontiki Istoria: Meletes ya tin arhea ke ti sinhroni Ellada* (*Environmental History: Essays on Ancient and Modern Greece*), Athens: Pedio Press, 2011.

[110] Alexis Franghiadis, "Commons and Change: The Case of the Greek 'National Estates' (19th to Early 20th Centuries)" and Alexandra Yerolympos, "Fire Prevention and Planning in Mediterranean Cities, 1800-1920," in Leos Jelecek, Pavel Chromy,

Helena Janu, Josef Miskovsky, and Lenka Uhlirova, eds., *Dealing with Diversity, Abstract Book*, Prague: Charles University in Prague, Faculty of Science, 2003, pp. 55-6, 138-9.

111 Vaso Seirinidou, "Historians in the Nature: A Critical Introduction to Environmental History," *Ta Historica* 51 (2009): 275-97.

112 Sam A. White, "Middle East Environmental History: Ideas from an Emerging Field," *World History Connected*, June 2011. At: http://worldhistoryconnected.press.illinois. edu/8.2/forum_white.html.

113 Alan Mikhail, ed., *Water on Sand: Environmental Histories of the Middle East and North Africa*, New York: Oxford University Press, 2013.

114 Diana K. Davis, *Resurrecting the Granary of Rome: Environmental History and French Colonial Expansion in North Africa*, Columbus: Ohio University Press, 2007.

115 Sam A. White, *The Climate of Rebellion in the Early Modern Ottoman Empire*, New York: Cambridge University Press, 2011.

116 Alan Mikhail, *Nature and Empire in Ottoman Egypt: An Environmental History*, New York: Cambridge University Press, 2011.

117 Alon Tal, *Pollution in a Promised Land: An Environmental History of Israel*, Berkeley: University of California Press, 2002.

118 Daniel Orenstein, Alon Tal, and Char Miller, *Between Ruin and Restoration: An Environmental History of Israel*, Pittsburgh: Pittsburgh University Press, 2013.

119 Ramachandra Guha, *The Unquiet Woods: Ecological Change and Peasant Resistance in the Himalaya*, Oxford: Oxford University Press, 1989.

120 Gadgil and Guha, *This Fissured Land.*

121 David Arnold and Ramachandra Guha, eds., *Nature, Culture, Imperialism: Essays on the Environmental History of South Asia*, New Delhi: Oxford University Press, 1995.

122 Madhav Gadgil and M. D. Subash Chandran, "On the History of Uttara Kannada Forests," in John Dargavel, Kay Dixon, and Noel Semple, eds., *Changing Tropical Forests*, Canberra: Centre for Resource and Environmental Studies, 1988, pp. 47-58.; M. D. Subash Chandran and J. Donald Hughes, "Sacred Groves and Conservation: The Comparative History of Traditional Reserves in the Mediterranean Area and in South India," *Environment and History* 6, no. 2 (May 2000): 169-86도 보라.

123 Rana P. B. Singh, ed., *The Spirit and Power of Place: Human Environment and Sacrality*, Banaras: National Geographical Society of India, 1993.

124 David Arnold and Ramachandra Guha, eds., *Nature, Culture, Imperialism: Essays on the Environmental History of South Asia*, New Delhi: Oxford University Press, 1995.

125 Richard Grove, Vinita Damodaran, and Satpal Sangwan, eds., *Nature and the Orient: The Environmental History of South and Southeast Asia*, Delhi: Oxford University Press, 1998.

126 Ajay S. Rawat, ed., *History of Forestry in India*, New Delhi: Indus Publishing, 1991; and *Indian Forestry: A Perspective*, New Delhi: Indus Publishing, 1993.

127 Ravi Rajan, *Modernizing Nature: Forestry and Imperial Eco-Development, 1800-1950*, Oxford: Oxford University Press, 2006.

128 Laxman D. Satya, *Ecology, Colonialism, and Cattle: Central India in the Nineteenth Century*, New Delhi: Oxford University Press, 2004.

129 Mahesh Rangarajan, J. R. McNeill, and Jose Augusto Padua, eds., *Environmental History: As if Nature Existed*, New York: Oxford University Press, 2010.

130 Mahesh Rangarajan and K. Sivaramakrishnan, eds., *India's Environmental History*, Vol. 1: From Ancient Times to the Colonial Period; Vol. 2: *Colonialism, Modernity and the Nation*, Ranikhet: Permanent Black, 2012.

131 Ranjan Chakrabarti, *Does Environmental History Matter?* Kolkata: Tandrita Chandra (Bhaduri) Readers Service, 2006.

132 Ranjan Chakrabarti, *Situating Environmental History*, New Delhi: Manohar, 2007.

133 Chakrabarti, *Does Environmental History Matter?*, pp. xxiv-xxv.

134 Christopher Hill, *South Asia: An Environmental History*, Santa Barbara: ABC-CLIO, 2008.

135 James L. A. Webb, Jr., *Tropical Pioneers: Human Agency and Ecological Change in the Highlands of Sri Lanka, 1800-1900*, Athens: Ohio University Press, 2002.

136 Peter Boomgaard, *Southeast Asia: An Environmental History*, Santa Barbara: ABC-CLIO, 2006.

137 Peter Boomgaard, *Frontiers of Fear: Tigers and People in the Malay World, 1600-1950*, New Haven: Yale University Press, 2001.

138 Peter Boomgaard, Freek Colombijn, and David Henley, eds., *Paper Landscapes: Explorations in the Environmental History of Indonesia*, Leiden: KITLV Press, 1997.

139 Bao Maohong, "Environmental History in China," *Environment and History* 10, no. 4 (November 2004): 475-99.

140 Maohong, "Environmental History in China," p. 477.

141 Gao Guorong, ed., *Historical Research*, Beijing: Social Sciences in China Press, 2013.

142 Mark Elvin, *The Retreat of the Elephants: An Environmental History of China*, New Haven, CT: Yale University Press, 2004.

143 Mark Elvin and Liu Tsui-jung, eds., *Sediments of Time: Environment and Society in Chinese History*, Cambridge: Cambridge University Press, 1998.

144 Judith Shapiro, *Mao's War against Nature: Politics and the Environment in Revolutionary China*, Cambridge: Cambridge University Press, 2001.

145 Robert B. Marks, *Tigers, Rice, Silk, and Silt: Environment and Economy in Late Imperial South China*, Cambridge: Cambridge University Press, 1998.

146 Yi-Fu Tuan, *China*, Chicago: Aldine, 1969.

147 Lester J. Bilsky, "Ecological Crisis and Response in Ancient China," in Lester J. Bilsky, ed., *Historical Ecology: Essays on Environment and Social Change*, Port Washington, NY: Kennikat Press, 1980, pp. 60-70.

148 Chris Coggins, *The Tiger and the Pangolin: Nature, Culture, and Conservation in China*, Honolulu: University of Hawaii Press, 2003.

149 Robert B. Marks, *China: Its Environment and History*, Lanham, MD: Rowman & Littlefield, 2011.

150 Micah Muscolino, *The Ecology of War in China: Henan Province, the Yellow River, and Beyond, 1938-1950*, Cambridge: Cambridge University Press, 2015.

151 나는 2011년 베이징사범대학에서 한 학기 동안 환경사를 함께 가르칠 수 있는 특권을 누렸다.

152 Mei Xueqin, "From the History of the Environment to Environmental History: A Personal Understanding of Environmental History Studies," *Frontiers of History in China* 2, no. 2 (2007): 121-44.

153 Mei Xueqin, "From the History of the Environment to Environmental History," p. 140.

154 Mei Xueqin, "From the History of the Environment to Environmental History," p. 139.

155 Shen Hou, *The City Natural: Garden and Forest Magazine and the Rise of American Environmentalism*, Urban Environmental History Series. Pittsburgh: University of Pittsburgh Press, 2013.

156 Conrad Totman, *Pre-Industrial Korea and Japan in Environmental Perspective*, Boston: Brill, 2004.

157 Lisa Brady, "Life in the DMZ: Turning a Diplomatic Failure into an Environmental Success," *Diplomatic History* 32 (September 2008): 585-611.

158 Robert Winstanley-Chesters, *Environment, Politics, and Ideology in North Korea: Landscape as a Political Project*, New York: Lexington Books, 2014.

159 Conrad Totman, *Japan: An Environmental History*, London: I. B. Tauris, 2014.

160 Conrad Totman, *A History of Japan*, 2nd edn. Oxford: Blackwell, 2005; and *The Green Archipelago: Forestry in Preindustrial Japan*, Berkeley: University of California Press, 1989.

161 Philip C. Brown, *Cultivating Commons: Joint Ownership of Arable Land in Early Modern Japan*, Honolulu: University of Hawaii Press, 2011.

162 Ian Jared Miller, Julia A. Thomas, and Brett Walker, eds., *Japan at Nature's Edge: The Environmental Context of a Global Power*, Honolulu: University of Hawaii Press, 2013.

163 Brett L. Walker, *The Conquest of Ainu Lands: Ecology and Culture in Japanese Expansion, 1590-1800*, Berkeley: University of California Press, 2006.

164 Libby Robin and Tom Griffiths, "Environmental History in Australasia,"

Environment and History 10, no. 4 (November 2004): 439-74.

[165] Donald S. Garden, *Australia, New Zealand, and the Pacific: An Environmental History*, Santa Barbara: ABC-CLIO, 2005.

[166] Eric Pawson and Stephen Dovers, "Environmental History and the Challenges of Interdisciplinarity: An Antipodean Perspective," *Environment and History* 9, no. 1 (February 2003): 53-75.

[167] *Environment and History*. Special Issue: "Australia," vol. 4, no. 2 (June 1998). Special Issue: "New Zealand," vol. 9, no. 4 (November 2003).

[168] Tim Flannery, *The Future Eaters: An Ecological History of the Australasian Lands*, New York: George Braziller, 1995.

[169] Robin and Griffiths, "Environmental History in Australasia," p. 459.

[170] Stephen Dovers, ed., *Australian Environmental History: Essays and Cases*, Melbourne: Oxford University Press, 1994; *Environmental History and Policy: Still Settling Australia*, Melbourne: Oxford University Press, 2000.

[171] Geoffrey Bolton, *Spoils and Spoilers: A History of Australians Shaping Their Environment, 1788-1980*, Sydney: Allen and Unwin, 1992; 1st edn. 1981.

[172] Eric Rolls, *A Million Wild Acres*, Melbourne: Nelson, 1981; *They All Ran Wild: The Story of Pests on the Land in Australia*, Sydney: Angus and Robertson, 1984; 1st edn. 1969; *Australia: A Biography, Volume I: The Beginnings*, St. Lucia: University of Queensland Press, 2000.

[173] J. M. Powell, *A Historical Geography of Modern Australia: The Restive Fringe*, Cambridge: Cambridge University Press, 1988.

[174] John Dargavel, *Fashioning Australia's Forests*, Oxford: Oxford University Press, 1995.

[175] John Dargavel, ed., *Australia's Ever-Changing Forests*, Canberra, CRES (Centre for Resource and Environmental Studies, Australian National University), 1988, 1993, 1997, 1999, 2002. Melbourne: Oxford University Press, 1995.

[176] Tom Griffith, *Forests of Ash: An Environmental History*, Cambridge: Cambridge University Press, 2001.

[177] Ben Daley, *The Great Barrier Reef: An Environmental History*, London: Routledge, 2014.

[178] Emily O' Gorman, *Flood Country: An Environmental History of the Murray-Darling Basin*, Clayton, Victoria: CSIRO Publishing, 2012.

[179] Stephen J. Pyne, *Burning Bush: A Fire History of Australia*, New York: Henry Holt, 1991.

[180] Tim Bonyhady, *Places Worth Keeping: Conservationists, Politics, and Law*, St. Leonards, NSW: Allen and Unwin, 1993.

[181] Libby Robin, *Defending the Little Desert: The Rise of Ecological Consciousness in*

Australia, Melbourne: Melbourne University Press, 2000.

182 Drew Hutton and Libby Connors, *A History of the Australian Environmental Movement*, Melbourne: Cambridge University Press, 1999.

183 Tim Bonyhady, *The Colonial Earth*, Carleton: Miegunyah Press, 2000.

184 http://environmentalhistory-au-nz.org을 보라.

185 Eric Pawson and Tom Brooking, *Environmental Histories of New Zealand*, Melbourne: Oxford University Press, 2002.

186 James Belich, *Making Peoples: A History of the New Zealanders from Polynesian Settlement to the End of the Nineteenth Century*, Auckland: Penguin Press, 1996; _____, *Paradise Reforged: A History of the New Zealanders from the 1880s to the Year 2000*, Honolulu: University of Hawaii Press, 2001.

187 Michael King, *The Penguin History of New Zealand*, Auckland: Penguin Books, 2003.

188 Helen M. Leach, *1,000 Years of Gardening in New Zealand*, Wellington: AH and AW Reed, 1984.

189 Geoff Park, *Nga Uruora/the Groves of Life: Ecology and History in a New Zealand Landscape*, Melbourne: Victoria University Press, 1995.

190 Catherine Knight, *Ravaged Beauty: An Environmental History of Manawatu*, Auckland: Dunmore, 2014.

191 Alfred W. Crosby, *Ecological Imperialism: The Biological Expansion of Europe, 900-1900*, Cambridge: University of Cambridge Press, 2004; 1st edn. 1986.

192 envirohistorynz.com.을 보라.

193 J. R. McNeill, ed., *Environmental History in the Pacific World*, Aldershot: Ashgate, 2001.

194 John Dargavel, Kay Dixon, and Noel Semple, eds., *Changing Tropical Forests: Historical Perspectives on Today's Challenges in Asia, Australasia and Oceania*, Canberra: Australian National University, 1988.

195 J. R. McNeill "Of Rats and Men: A Synoptic Environmental History of the Island Pacific," *Journal of World History* 5 (1994): 299-349; 이 논문은 McNeill, ed., *Environmental History in the Pacific World*, pp. 69-120에 재출간됨.

196 Moshe Rapaport, ed., *The Pacific Islands: Environment and Society*, Honolulu: University of Hawaii Press, 2013.

197 Patrick V. Kirch, "The Environmental History of Oceanic Islands," in Patrick V. Kirch and Terry L. Hunt, eds., *Historical Ecology in the Pacific Islands*, New Haven, CT: Yale University Press, 1997, pp. 1-21.

198 Paul D'Arcy, *The People of the Sea: Environment, Identity, and History in Oceania*, Honolulu: University of Hawaii Press, 2005.

199 J. Donald Hughes, "Nature and Culture in the Pacific Islands," *Leidschrift:*

Historisch Tijdschrift (University of Leiden, Netherlands) 21, no. 1 (April 2006): 129-43. (Special issue, "Culture and Nature: History of the Human Environment.")

200 John L. Culliney, *Islands in a Far Sea: The Fate of Nature in Hawaii*, Honolulu: University of Hawaii Press, 2006.

201 Carol A. MacLennan, *Sovereign Sugar: Industry and Environment in Hawaii*, Honolulu: University of Hawaii Press, 2014.

202 Jared Diamond, "Twilight at Easter," in *Collapse: How Societies Choose to Fail or Succeed*, New York: Viking, 2005, pp. 79-119.

203 John Flenley and Paul Bahn, *The Enigmas of Easter Island: Island on the Edge*, Oxford: Oxford University Press, 2003.

204 Carl N. McDaniel and John M. Gowdy, *Paradise for Sale: A Parable of Nature*, Berkeley: University of California Press, 2000.

205 Jane Carruthers, "Africa: Histories, Ecologies, and Societies," *Environment and History* 10, no. 4 (November 2004): 379-406.

206 David Anderson, and Richard Grove, eds., *Conservation in Africa: People, Policies, and Practice*, Cambridge: Cambridge University Press, 1987.

207 Gregory H. Maddox, *Sub-Saharan Africa: An Environmental History*, Santa Barbara: ABC-CLIO, 2006.

208 Nancy J. Jacobs, *African History through Sources: Volume 1, Colonial Contexts and Everyday Experiences, c.1850-1946*, Cambridge: Cambridge University Press, 2014.

209 William Beinart, *The Rise of Conservation in South Africa: Settlers, Livestock, and the Environment, 1770-1950*, Oxford: Oxford University Press, 2003.

210 James C. McCann, Green Land, Brown Land, *Black Land: An Environmental History of Africa, 1800-1990*, Portsmouth, NH: Heinemann, 1999.

211 Helge Kjekshus, *Ecology Control and Economic Development in East African History*, Berkeley: University of California Press, 1977.

212 Nancy J. Jacobs, *Environment, Power, and Injustice: A South African History*, Cambridge: Cambridge University Press, 2003.

213 Gregory Maddox, Isaria N. Kimambo, and James L. Giblin, eds., *Custodians of the Land: Ecology and Culture in the History of Tanzania*, Columbus: Ohio University Press, 1996.

214 James C. McCann, *Maize and Grace: Africa's Encounter with a New World Crop*, Cambridge MA: Harvard University Press, 2007.

215 Jane Carruthers, T*he Kruger National Park: A Social and Political History*. Pietermaritzburg: University of Natal Press, 1995.

216 Clark C. Gibson, "Killing Animals with Guns and Ballots: The Political Economy of Zambian Wildlife Policy," *Environmental History Review* 19 (1995), 49-75.

217 *Environmental History*, special issue, "Africa and Environmental History," vol. 4,

no. 2 (April 1999).

218 William Beinart and Peter Coates, *Environment and History: The Taming of Nature in the USA and South Africa*, London: Routledge, 1995.

219 Farieda Khan, "Soil Wars: The Role of the African Soil Conservation Association in South Africa, 1953-1959," *Environmental History* 2, no. 4 (October 1997): 439-59.

220 Heather J. Hoag, *Developing the Rivers of East and West Africa: An Environmental History*, London: Bloomsbury, 2013.

221 Allen F. Isaacman and Barbara S. Isaacman, Dams, *Displacement and the Delusion of Development: Cahora Bassa and Its Legacies in Mozambique, 1965-2007*, Columbus: Ohio University Press, 2013.

222 Tamara Giles-Vernick, *Cutting the Vines of the Past: Environmental Histories of the Central African Rain Forest*, Richmond: University of Virginia Press, 2002.

223 *Environment and History*, special issue: "Zimbabwe," ed. Richard Grove and JoAnn McGregor, vol. 1, no. 3 (October 1995).

224 www.stanford.edu/group/LAEH.를 보라.

225 ASEH website, August 2005, http://www.h-net.org/~environ/historiography/latinam.htm.

226 Guillermo Castro, *Los Trabajos de Ajuste y Combate: Naturaleza y sociedad en la historia de América Latina* (*The Labors of Conflict and Settlement: Nature and Society in the History of Latin America*), Bogotá/La Habana: CASA/Colcultura, 1995.

227 Shawn William Miller, *An Environmental History of Latin America*, Cambridge: Cambridge University Press, 2007.

228 Nicolo Gligo and Jorge Morello, "Notas sobre la historia ecológica de América Latina," ("Studies on History and Environment in America") in O. Sunkel y N. Gligo, eds., *Estilos de Desarrollo y Medio Ambiente en América Latina* (*Styles of Development and Environment in Latin America*), Fondo de Cultura Económica, El Trimestre Económico, no. 36, 2 vols, Mexico, 1980.

229 Luis Vitale, *Hacia una Historia del Ambiente en América Latina* (*Toward a History of the Environment in Latin America*), Mexico, DF: Nueva Sociedad/Editorial Nueva Imagen, 1983.

230 Bernardo García Martínez and Alba González Jácome, eds., *Estudios sobre Historia y Ambiente en América, I: Argentina, Bolivia, México, Paraguay* (*Studies on History and Environment in America: Argentina, Bolivia, Mexico, Paraguay*), Mexico, DF: Instituto Panamericano de Geografía e Historia/El Colegio de México, 1999.

231 Fernando Ortiz Monasterio, Isabel Fernández, Alicia Castillo, José Ortiz Monasterio, and Alfonso Bulle Goyri, *Tierra Profanada: Historia Ambiental de México* (*A Profaned Land: An Environmental History of Mexico*), Mexico City: Instituto Nacional de Antropología e Historia, Secretaría de Desarrollo Urbano y Ecología,

1987.

232 Christopher R. Boyer, ed., *Land between Waters: Environmental Histories of Modern Mexico*, Tucson: University of Arizona Press, 2012.

233 Reinaldo Funes Monzote, *From Rainforest to Cane Field in Cuba*, Chapel Hill: University of North Carolina Press, 2008.

234 Alfred W. Crosby, *The Columbian Exchange: Biological and Cultural Consequences of 1492*, Westport, CT: Greenwood Press, 1972.

235 Elinor G. K. Melville, *A Plague of Sheep: Environmental Consequences of the Conquest of Mexico*, Cambridge: Cambridge University Press, 1994. 그의 책은 스페인어로도 출간되었다. *Plaga de Ovejas: Consecuencias ambientales de la conquista de México*, Mexico: Fondo de Cultura Económica, 1999.

236 Warren Dean, *With Broadax and Firebrand: The Destruction of the Brazilian Atlantic Forest*, Berkeley: University of California Press, 1995.

237 Warren Dean, *Brazil and the Struggle for Rubber: A Study in Environmental History*, Cambridge: Cambridge University Press, 2002; 1st edn. 1987.

238 Mark Carey, *In the Shadow of Melting Glaciers: Climate Change and Andean Society*, New York: Oxford University Press, 2010.

239 Richard C. Hoffmann, *Fishers' Craft and Lettered Art: Tracts on Fishing from the End of the Middle Ages*, Toronto: University of Toronto Press, 1997; _____, *Land, Liberties and Lordship in a Late Medieval Countryside: Agrarian Structures and Change in the Duchy of Wroclaw*, Philadelphia: University of Pennsylvania Press, 1989; William TeBrake, *Medieval Frontier: Culture and Ecology in Rijnland*, College Station: Texas A&M University Press, 1985; Petra J. E. M. van Dam, "De tanden van de waterwolf. Turfwinning en het onstaan van het Haarlemmermeer 1350-1550" ("The Teeth of the Waterwolf. Peat Cutting and the Increase of the Peat Lakes in Rhineland, 1350-1550"), *Tijdschrift voor Waterstaatsgeschiedenis* (1996): 2, 81-92, with summary in English; Charles R. Bowlus, "Ecological Crises in Fourteenth Century Europe," in Bilsky, *Historical Ecology*, pp. 86-99; Ronald E. Zupko and Robert A. Laures, *Straws in the Wind: Medieval Urban Environmental Law – The Case of Northern Italy*, Boulder, CO: Westview Press, 1996.

240 Richard C. Hoffmann, *An Environmental History of Medieval Europe*, Cambridge: Cambridge University Press, 2014.

241 Hughes, *Pan's Travail*.

242 Hughes, *Environmental Problems of the Greeks and Romans*.

243 Russell Meiggs, *Trees and Timber in the Ancient Mediterranean World*, Oxford: Clarendon Press, 1982; Robert Sallares, *The Ecology of the Ancient Greek World*, Ithaca: Cornell University Press, 1991; Thomas W. Gallant, *Risk and Survival in Ancient Greece: Reconstructing the Rural Domestic Economy*, Stanford,

CA: Stanford University Press, 1991; Günther E. Thüry, *Die Wurzeln unserer Umweltkrise und die griechisch-römische Antike*, Salzburg: Otto Müller Verlag, 1995; Helmut Bender, "Historical Environmental Research from the Viewpoint of Provincial Roman Archaeology," in Burkhard Frenzel, ed., *Evaluation of Land Surfaces Cleared from Forests in the Mediterranean Region during the Time of the Roman Empire*, Stuttgart: Gustav Fischer Verlag, 1994, pp. 145-56; Karl-Wilhelm Weeber, *Smog über Attika: Umweltverhalten im Altertum*, Zürich: Artemis Verlag, 1990; J. V. Thirgood, *Man and the Mediterranean Forest*, London: Academic Press, 1981; Lukas Thommen, *An Environmental History of Ancient Greece and Rome*, Cambridge: Cambridge University Press, 2012.

[244] William V. Harris, *The Ancient Mediterranean Environment between Science and History* (Columbia Studies in the Classical Tradition 39), Leiden: Brill, 2013.

5장_글로벌 환경사

[1] 이 문구는 Joel Tarr, *The Search for the Ultimate Sink: Urban Pollution in Historical Perspective*. Akron, OH: Akron University Press, 1996에서 가져옴.

[2] William L. Thomas, Jr., *Man's Role in Changing the Face of the Earth*, Chicago and London: University of Chicago Press, 1956.

[3] William Moy Stratton Russell, *Man, Nature, and History: Controlling the Environment*, New York: Natural History Press for the American Museum of Natural History, 1969.

[4] B. L. Turner, William C. Clark, Robert W. Kates, John F. Richards, Jessica T. Mathews, and William B. Meyer, eds. 1990. *The Earth as Transformed by Human Action: Global and Regional Changes in the Biosphere over the Past 300 Years*, Cambridge: Cambridge University Press.

[5] Alfred W. Crosby, *The Columbian Exchange: Biological and Cultural Consequences of 1492*, Westport, CT: Greenwood Press, 1972.

[6] Alfred W. Crosby, *Ecological Imperialism: The Biological Expansion of Europe, 900-1900*, Cambridge: Cambridge University Press, 2004; 1st edn. 1986. 또 *Germs, Seeds, and Animals: Studies in Ecological History*, Armonk, NY: M. E. Sharpe, 1994를 보라.

[7] Arnold Joseph Toynbee, *Mankind and Mother Earth: A Narrative History of the World*, New York: Oxford University Press, 1976.

[8] Arnold Joseph Toynbee, *A Study of History*, 12 vols. London: Oxford University Press, 1934-61.

[9] I. G. Simmons, *Changing the Face of the Earth: Culture, Environment, History*, Oxford: Blackwell, 1989; _____, *Environmental History: A Concise Introduction*, Oxford: Blackwell, 1993.

10 Ian Gordon Simmons, *Global Environmental History*, Chicago: University of Chicago Press, 2008.

11 Andrew Goudie, *The Human Impact on the Natural Environment*, Cambridge, MA: MIT Press, 1990.

12 Annette Manion, *Global Environmental Change: A Natural and Cultural History*, Harlow: Longman, 1991.

13 Stephen Boyden, *Biohistory: The Interplay between Human Society and the Biosphere*, Paris: UNESCO, 1992.

14 Jared Diamond, *Guns, Germs, and Steel: The Fates of Human Societies*, New York: W. W. Norton, 1997.

15 Jared Diamond, *Collapse: How Societies Choose to Fail or Succeed*, New York: Viking, 2005.

16 Patricia A. McAnany and Norman Yoffee, eds., *Questioning Collapse: Human Resilience, Ecological Vulnerability, and the Aftermath of Empire*, Cambridge: Cambridge University Press, 2009.

17 Clive Ponting, *A Green History of the World: The Environment and the Collapse of Great Civilizations*, New York: St. Martin's Press, 1991.

18 Mark Cioc, Björn-Ola Linnér, and Matt Osborn, "Environmental History Writing in Northern Europe," *Environmental History* 5, no. 3 (July 2000): 396-406. 이 논문은 환경사 서술에 대한 훌륭한 개관을 보여 준다. 이 문단은 여기서 가져온 것이다.

19 Sverker Sörlin and Anders Öckerman, *Jorden en Ö: En Global Miljöhistoria (Earth an Island: A Global Environmental History)*, Stockholm: Natur och Kultur, 1998.

20 Hilde Ibsen, *Menneskets fotavtrykk: En oekologisk verdenshistorie*, Oslo: Tano Aschehoug, 1997.

21 Joachim Radkau, *Natur und Macht: Eine Weltgeschichte der Umwelt*, Munich: C. H. Beck, 2000

22 J. Donald Hughes, *An Environmental History of the World: Humankind's Changing Role in the Community of Life*, London and New York: Routledge, 2001.

23 Sing C. Chew, *World Ecological Degradation: Accumulation, Urbanization, and Deforestation, 3000 BC - AD 2000*, Walnut Creek, CA: Rowman & Littlefield, 2001.

24 Chew, *World Ecological Degradation*, p. 172.

25 Stephen Mosley, *The Environment in World History*, London: Routledge, 2010.

26 Robert B. Marks, "World Environmental History: Nature, Modernity and Power," *Radical History Review* 107 (Spring 2010): 209-24.

27 Lester J. Bilsky, ed., *Historical Ecology: Essays on Environment and Social Change*, Port Washington, NY: Kennikat Press, 1980.

28 Donald Worster, ed., *The Ends of the Earth: Perspectives on Modern Environmental History*, Cambridge: Cambridge University Press, 1988.

29 Worster, *The Ends of the Earth*, pp. 289-308.

30 J. Donald Hughes, ed., *The Face of the Earth: Environment and World History*, Armonk, NY: M. E. Sharpe, 2000.

31 Jan Oosthoek and Barry K. Gills, *The Globalization of Environmental Crisis*, London: Routledge, 2008.

32 Edmund Burke III and Kenneth Pomeranz, *The Environment and World History*, Berkeley: University of California Press, 2009.

33 Timo Myllyntaus, *Thinking through the Environment: Green Approaches to Global History*, Cambridge: White Horse Press, 2011.

34 John R. McNeill and Alan Roe, *Global Environmental History: An Introductory Reader*, New York: Routledge, 2013.

35 Erika Marie Baumek, David Kinkela, and Mark Atwood Lawrence, eds., *Nation-States and the Global Environment: New Approaches to International Environmental History*, Oxford: Oxford University Press, 2013.

36 John R. McNeill and Erin Stewart Mauldin, eds., *A Companion to Global Environmental History*, Oxford: Wiley-Blackwell, 2012.

37 Alf Hornborg, "Towards a Truly Global Environmental History: A Review Article," *Review: Journal of the Fernand Braudel Center* 33, no. 2 (2010): 295-323.

38 John R. McNeill, *Something New Under the Sun: An Environmental History of the Twentieth-Century World*, New York, W. W. Norton, 2000.

39 McNeill, *Something New Under the Sun*, p. 4.

40 John F. Richards, *The Unending Frontier: The Environmental History of the Early Modern World*, Berkeley and LosAngeles: University of California Press, 2003.

41 Robert B. Marks, *The Origins of the Modern World: A Global and Ecological Narrative from the Fifteenth to the Twenty-First Century*, Lanham, MD: Rowman & Littlefi eld, 3rd edn. 2015.

42 Marks, *The Origins of the Modern World*, p. 160.

43 Michael Williams, *Deforesting the Earth: From Prehistory to Global Crisis*, Chicago: University of Chicago Press, 2003.

44 Williams, *Deforesting the Earth*, pp. 221, 446.

45 Richard P. Tucker and John F. Richards, eds., *Global Deforestation and the Nineteenth-Century World Economy*, Durham, NC: Duke University, 1983.

46 Leslie E. Sponsel, Thomas N. Headland, and Robert C. Bailey, eds. *Tropical Deforestation: The Human Dimension*, New York: Columbia University Press, 1996.

47 Stephen J. Pyne, *Fire: A Brief History*, Seattle: University of Washington Press, 2001; *World Fire: The Culture of Fire on Earth*, Seattle: University of Washington Press, 2010. 파인은 불이라는 주제를 다룬 지역연구가 여럿 있다.

48 John L. Brooks, *Climate Change and the Course of Global History: A Rough*

Journey, Cambridge: Cambridge University Press, 2014.

49 Wolfgang Behringer, *A Cultural History of Climate*, Cambridge: Polity, 2009.

50 Richard H. Grove and John Chappell, eds., *El Niño: History and Crisis*, Cambridge: White Horse Press, 2000.

51 Crosby, *Ecological Imperialism*.

52 Richard H. Grove, *Green Imperialism: Colonial Expansion, Tropical Island Edens and the Origins of Environmentalism, 1600-1860*, Cambridge: Cambridge University Press, 1995.

53 William Beinart and Lotte Hughes, *Environment and Empire*, Oxford: Oxford University Press, 2009.

54 Peder Anker, *Imperial Ecology: Environmental Order in the British Empire, 1895-1945*, Cambridge, MA: Harvard University Press, 2001.

55 Richard Drayton, *Nature's Government: Science, Imperial Britain, and the "Improvement" of the World*, New Haven, CT: Yale University Press, 2000.

56 Deepak Kumar, *Science and the Raj, 1857-1905*, Delhi: Oxford University Press, 1995.

57 John M. MacKenzie, *Empires of Nature and the Nature of Empires, Imperialism, Scotland and the Environment*, East Linton, Scotland: Tuckwell Press, 1997.

58 Tom Griffiths and Libby Robin, eds., *Ecology and Empire: Environmental History of Settler Societies*, Seattle: University of Washington Press, 1997.

59 Richard P. Tucker, *Insatiable Appetite: The United States and the Ecological Degradation of the Tropical World*, Berkeley: University of California Press, 2000.

60 Thomas Dunlap, *Nature and the English Diaspora: Environment and History in the United States, Canada, Australia, and New Zealand*, Cambridge: Cambridge University Press, 1999.

61 Timothy Doyle and Sherilyn MacGregor, *Environmental Movements Around the World: Shades of Green in Politics and Culture*, Santa Barbara, CA: Praeger, 2013.

62 Ramachandra Guha, *Environmentalism: A Global History*, New York: Longman, 2000.

63 John McCormick, *Reclaiming Paradise: The Global Environmental Movement*, Bloomington: Indiana University Press, 1989.

64 Carolyn Merchant, *Radical Ecology: The Search for a Livable World*, New York: Routledge, 1992.

65 McNeill, *Something New Under the Sun*, p. 3.

66 Harry J. Carroll, Jr., et al., *The Development of Civilization: A Documentary History of Politics, Society, and Thought*, Chicago: Scott, Foresman, 1962, 2 vols. 이 용어는 일반 적으로 별다른 의미 없이 사용된다고 반박할지 모른다. 그러나 수사의 역할에 대한 분 석, '발전'이라는 단어의 정치담론적 활용에 대해 M. Jimmie Killingsworth and Jacqueline

S. Palmer, *Ecospeak: Rhetoric and Environmental Politics in America*, Carbondale: Southern Illinois University Press, 1992를 보라. 특히 p. 9. 여기서 '발전주의'는 "장기간의 환경 비용은 고려하지 않고 단기간의 경제적 이득을 추구하는" 사람들로 정의되어 있다.

67 Herman E. Daly, *Ecological Economics, Second Edition: Principles and Applications*, Washington, DC: Island Press, 2010; Robert Costanza, John Cumberland, Herman E. Daly, Robert Goodland, and Richard Norgaard, *An Introduction to Ecological Economics, Boca Raton*, FL: St. Lucie Press, 1997; Thomas Prugh, Robert Costanza, John H. Cumberland, Herman E. Daly, Robert Goodland, and Richard B. Norgaard, *Natural Capital and Human Economic Survival*, Boca Raton, FL: Lewis Publishers, 1999; 그 외에 Hilary French, *Vanishing Borders: Protecting the Planet in the Age of Globalization*, New York: W. W. Norton, 2000; James O'Connor, "Is Sustainable Capitalism Possible?" in Martin O'Connor, ed., Is *Capitalism Sustainable?: Political Economy and the Politics of Ecology*, New York: Guilford Press, 1994, pp. 15-75; and "The Second Contradiction of Capitalism," in *Natural Causes: Essays in Ecological Marxism*, New York: Guilford Press, 1998.

68 John R. McNeill, José Augusto Pádua, and Mahesh Rangarajan, eds. *Environmental History as if Nature Existed: Ecological Economics and Human Well-Being*, New Delhi: Oxford University Press, 2010.

6장_환경사의 쟁점과 방향

1 Andrew Isenberg, ed., *The Oxford Handbook of Environmental History*, Oxford: Oxford University Press, 2014.

2 Donald Worster, "The Two Cultures Revisited: Environmental History and the Environmental Sciences," *Environment and History* 2, no. 1 (February 1996): 3-14.

3 Steven Pyne, "Environmental History without Historians," *Environmental History* 10, no. 1 (January 2005): 72-4, 인용은 p. 72.

4 John Opie, "Environmental History: Pitfalls and Opportunities." *Environmental Review* 7, no. 1 (Spring 1983): 8-16.

5 John R. McNeill, "Observations on the Nature and Culture of Environmental History," *History and Theory* 42 (December 2003): 5-43; 여기서는 p. 34를 보라.

6 William Cronon, "The Uses of Environmental History," *Environmental History Review* 17, no. 3 (Fall 1993): 1-22.

7 Donald Worster, *The Wealth of Nature: Environmental History and the Ecological Imagination*, New York: Oxford University Press, 1993.

8 Worster, *The Wealth of Nature*, p. 63.

9 William Cronon, ed., *Uncommon Ground: Toward Reinventing Nature*, New York: W.

W. Norton, 1995.

10 Cronon, *Uncommon Ground*, p. 70.

11 J. Donald Hughes, *Pan's Travail: Environmental Problems of the Ancient Greeks and Romans*, Baltimore: Johns Hopkins University Press, 1994, p. 73, 149.

12 Alfred W. Crosby, *The Columbian Exchange: Biological and Cultural Consequences of 1492*, Westport, CT: Greenwood Press, 1972.

13 Donald Worster, "The Vulnerable Earth: Toward a Planetary History" and "Doing Environmental History," in *The Ends of the Earth: Perspectives on Modern Environmental History*, Cambridge: Cambridge University Press, 1988, pp. 3-22, 289-308를 보라.

14 Ted Steinberg, "Down, Down, Down, No More: Environmental History Moves Beyond Declension," *Journal of the Early Republic* 24, no. 2 (Summer 2004): 260-6.

15 Elinor Melville, *A Plague of Sheep: Environmental Consequences of the Conquest of Mexico*, Cambridge: Cambridge University Press, 1997, p. 17.

16 Warren Dean, *With Broadax and Firebrand: The Destruction of The Brazilian Atlantic Forest*, Berkeley, CA: University of California Press, 1995.

17 H. G. Wells, *The Outline of History*, 2 vols, New York: Macmillan, 1920.

18 Chris H. Lewis, "Telling Stories About the Future: Environmental History and Apocalyptic Science," *Environmental History Review* 17, no. 3 (Fall 1993): 43-60.

19 Carolyn Merchant in "The Theoretical Structure of Ecological Revolutions," *Environmental Review* 11, no. 4 (Winter 1987): 265-74; Carolyn Merchant, *Ecological Revolutions: Nature, Gender, and Science in New England*, Chapel Hill: University of North Carolina Press, 1989.

20 Madhav Gadgil and Ramachandra Guha, "A Theory of Ecological History," Part One of *This Fissured Land: An Ecological History of India*, Berkeley and Los Angeles: University of California Press, 1992, pp. 9-68.

21 James O'Connor, "What is Environmental History? Why Environmental History?" in O'Connor, ed., *Natural Causes: Essays in Ecological Marxism*, London: Guilford Press, 1998, pp. 48-70.

22 James O'Connor, "The Second Contradiction of Capitalism," in O'Connor, ed., *Natural Causes: Essays in Ecological Marxism*, London: Guilford Press, 1998, pp. 158-77.

23 James O'Connor, "Culture, Nature, and the Materialist Conception of History," in O'Connor, ed., *Natural Causes*, pp. 29-47, 인용은 p. 43.

24 O'Connor, "What is Environmental History?", pp. 65-6.

25 "What's Next for Environmental History?" *Environmental History* 10, no. 1 (January 2005): 30-109.

26 John R. McNeill, "Observations on the Nature and Culture of Environmental

History," *History and Theory* 42 (December 2003): 5-43, 인용은 pp. 42-3.

27 Björn-Ola Linnér, *The Return of Malthus: Environmentalism and Post-War Population-Resource Crises*, Stroud, UK: White Horse Press, 2004.

28 Otis L. Graham, Jr., *A Limited Bounty: The United States Since World War II*, New York: McGraw-Hill, 1995.

29 Carl N. McDaniel and John M. Gowdy, *Paradise for Sale: A Parable of Nature*, Berkeley: University of California Press, 2000.

30 James Fairhead, Melissa Leach, and Ian Scoones, eds., *Green Grabbing: A New Appropriation of Nature*, London: Routledge, 2015.

31 Joachim Radkau, *Wood: A History*, Cambridge: Polity, 2011.

32 Michael Williams, *Deforesting the Earth: From Prehistory to Global Crisis*, Chicago: University of Chicago Press, 2003; see pp. 203-4.

33 J. Donald Hughes, "How Natural is a Natural Disaster?," *Capitalism, Nature, Socialism* 23, no. 4 (December 2010): 69-78.

34 Craig E. Colten, *Perilous Place, Powerful Storms: Hurricane Protection in Coastal Louisiana*, Jackson: University of Mississippi Press, 2014.

35 Rob Nixon, *Slow Violence and the Environmentalism of the Poor*, Cambridge, MA: Harvard University Press, 2011.

36 Nancy Lee Peluso, and Michael Watts, *Violent Environments*, Ithaca, NY: Cornell University Press, 2001.

37 Robert Emmet Hernan, *This Borrowed Earth: Lessons from the Fifteen Worst Disasters Around the World*, New York: Palgrave Macmillan, 2010.

38 Katrin Pfeifer and Niki Pfeifer, eds., *Forces of Nature and Cultural Responses*, Dordrecht: Springer, 2013.

39 John F. Richards, *The Unending Frontier: The Environmental History of the Early Modern World*, Berkeley: University of California Press, 2003.

40 Anthony B. Anderson, Peter H. May, and Michael J. Balick, *The Subsidy from Nature: Palm Forests, Peasantry, and Development on an Amazon Frontier*, New York: Columbia University Press, 1991.

41 William R. Jordan and George M. Lubick, *Making Nature Whole: A History of Ecological Restoration*, Washington DC: Island Press, 2011; Marcus Hall, *Earth Repair: A Transatlantic History of Environmental Restoration*, Charlottesville: University of Virginia Press, 2005.

42 Emmanuel Kreike, *Deforestation and Reforestation in Namibia: The Global Consequences of Local Contradictions*, Princeton: Markus Wiener, 2010.

43 Edmund Russell, "Evolutionary History: Prospectus for a New Field," *Environmental History* 8, no. 2 (April 2003): 204-28.

44 Edmund Russell, *Evolutionary History: Uniting History and Biology to Understand*

Life on Earth, Cambridge: Cambridge University Press, 2011.

45 Peter R. Grant, *Ecology and Evolution of Darwin's Finches*, Princeton, Princeton University Press, 1986; Peter R. Grant and B. Rosemary Grant, *40 Years of Evolution: Darwin's Finches on Daphne Major Island*, Princeton: Princeton University Press, 2014.

46 이 대목에서 이 생물학자의 저서를 참고하라. Stephen R. Palumbi, *The Evolution Explosion: How Humans Cause Rapid Evolutionary Change*, New York: W. W. Norton, 2001.

47 Lance van Sittert, "The Other Seven-Tenths," *Environmental History* 10, no. 1 (January 2005): 106-9.

48 Fernand Braudel, *The Mediterranean and the Mediterranean World in the Age of Philip II*, trans. Siân Reynolds. New York: Harper & Row, 1972; 1st edn. 1949.

49 Arthur F. McEvoy, *The Fisherman's Problem: Ecology and Law in the California Fisheries, 1850-1980*, Cambridge: Cambridge University Press, 1986.

50 Poul Holm, Tim Smith, and David Starkey, eds., *The Exploited Seas: New Directions for Marine Environmental History*, Liverpool: Liverpool University Press, 2001.

51 E. Stroud, "Does Nature Always Matter? Following Dirt Through History." *History and Theory* 42 (2003) 75-81.

7장_환경사 연구 방안

1 Donald Worster, "Appendix: Doing Environmental History," in Worster, ed., *The Ends of the Earth: Perspectives on Modern Environmental History*, Cambridge: Cambridge University Press, 1988, pp. 289-307.

2 Carolyn Merchant, *The Columbia Guide to American Environmental History*, New York: Columbia University Press, 2002.

3 http://www.cnr.berkeley.edu/departments/espm/env-hist.(2005. 09 접속)

4 William Cronon, "A Place for Stories: Nature, History, and Narrative," *Journal of American History* 78 (March 1992): 1347-76.

5 www.williamcronon.net/researching/index.htm.

6 I. G. Simmons, *Environmental History: A Concise Introduction*, Oxford: Blackwell, 1993.

7 Worster, "Doing Environmental History," pp. 290-1.

8 Worster, "Doing Environmental History," p. 302.

9 Worster, "Doing Environmental History," p. 306.

10 Merchant, *Columbia Guide to American Environmental History*, p. xv.

11 Cronon, "A Place for Stories," p. 1372.

12 Cronon, "A Place for Stories."

13 Cronon, "A Place for Stories," p. 1373.

[14] Simmons, *Environmental History: A Concise Introduction*, p. 55.

[15] Simmons, *Environmental History*, p. 188.

[16] Ari Kelman, *A River and Its City: The Nature of Landscape in New Orleans*, Berkeley: University of California Press, 2003.

[17] Craig E. Colten, *An Unnatural Metropolis: Wresting New Orleans from Nature*, Baton Rouge: Louisiana State University Press, 2004.

[18] http: //www.lib.duke.edu/forest/Research/databases.html.

[19] http: //www.eseh.organization/bibliography.html.

[20] http: //www.lib.duke.edu/forest/Events/ICEHO.

[21] http: //www.h-net.org/ ~environ/.

8장_환경사의 미래

[1] J. R. McNeill, "Observations on the Nature and Culture of Environmental History," *History and Theory* 42 (December 2003): 5-43, 인용은 p. 42.

[2] Alan H. R. Baker, *Geography and History: Bridging the Divide*, Cambridge: Cambridge University Press, 2003.

[3] Craig E. Colten, "Historical Geography and Environmental History," and Michael Williams, "The End of Modern History?", *Geographical Review* 88, no. 2 (April 1998): iii-iv and 275-300.

[4] Michael Williams, "The Relations of Environmental History and Historical Geography," *Journal of Historical Geography* 20, no. 1 (1994): 3-21.

[5] Donald Worster, *Nature's Economy*, Cambridge: Cambridge University Press, 1977.

[6] Frank Benjamin Golley, *A History of the Ecosystem Concept in Ecology: More Than the Sum of the Parts*, New Haven: Yale University Press, 1996.

[7] Christof Mauch and Libby Robin, eds., *The Edges of Environmental History: Honouring Jane Carruthers*, München: Rachel Carson Centre Perspectives, 2014.

참고문헌

Baker, Alan H. R., *Geography and History: Bridging the Divide*, Cambridge: Cambridge University Press, 2003.

Bao, Maohong, "Environmental History in China," *Environment and History* 10, no. 4 (November 2004): 475-99.

Beattie, James, "Recent Themes in the Environmental History of the British Empire," *History Compass* 10, no. 2 (February 2012): 129-39.

Beinart, William, "African History and Environmental History," *African Affairs* 99 (2000): 269-302.

Bess, Michael, Cioc, Mark, and Sievert, James, "Environmental History Writing in Southern Europe," *Environmental History* 5, no. 4 (October 2000): 545-56.

Bird, Elizabeth Ann R., "The Social Construction of Nature: Theoretical Approaches to the History of Environmental Problems," *Environmental Review* 11, no. 4 (Winter 1987): 255-64.

Blum, Elizabeth D., "Linking American Women's History and Environmental History: A Preliminary Historiography." http://www.h.net.org/~environ/ historiography/uswomen.htm.

Boime, Eric, "Environmental History, the Environmental Movement, and the Politics of Power," *History Compass* 6, no. 1 (2008): 297-313.

Bruno, A., "Russian Environmental History: Directions and Potentials." *Kritika: Explorations in Russian and Eurasian History* 8 (2007): 635-50.

Burke, Edmund III, and Pomeranz, Kenneth, *The Environment and World History*, Berkeley: University of California Press, 2009.

Carruthers, Jane, "Africa: Histories, Ecologies and Societies," *Environment and History* 10, no. 4 (November 2004): 379-406.

Carruthers, Jane, "Environmental History in Southern Africa: An Overview," in Stephen Dovers, Ruth Edgecombe, and Bill Guest, eds., *South Africa's Environmental History: Cases and Comparisons*, Athens: Ohio University Press, 2003, pp. 3-18.

Castro Herrera, Guillermo, "The Environmental Crisis and the Tasks of History in Latin America," *Environment and History* 3, no. 1 (February 1997): 1-18.

Chakrabarti, Ranjan, ed., *Does Environmental History Matter?: Shikar,*

Subsistence, Sustenance and the Sciences, Kolkata: Readers Service, 2006.

Chakrabarti, Ranjan, *Situating Environmental History*, New Delhi: Manohar, 2007.

Cioc, Mark, Linnér, Björn-Ola, and Osborn, Matt, "Environmental History Writing in Northern Europe," *Environmental History* 5, no. 3 (July 2000): 396-406.

Coates, Peter, "Clio's New Greenhouse," *History Today* 46, no. 8 (August 1996): 15-22.

Coates, Peter, "Emerging from the Wilderness (or, from Redwoods to Bananas): Recent Environmental History in the United States and the Rest of the Americas," *Environment and History* 10, no. 4 (November 2004): 407-38.

Colten, Craig E., "Historical Geography and Environmental History," *Geographical Review* 88 (1998): iii-iv.

Corona, Gabriella, ed., "What is Global Environmental History?" *Global Environment* 2 (2009): 228-49.

Cronon, William, "A Place for Stories: Nature, History, and Narrative," *The Journal of American History* 78, no. 4 (March 1992): 1347-76.

Cronon, William, "The Uses of Environmental History," *Environmental History Review* 17, no. 3 (Fall 1993): 1-22.

Crosby, Alfred W., "The Past and Present of Environmental History," *American Historical Review* 100, no. 4 (October 1995): 1177-89.

Demeritt, David, "The Nature of Metaphors in Cultural Geography and Environmental History," *Progress in Human Geography* 18 (1994): 163-85.

Dovers, Stephen, "Australian Environmental History: Introduction, Reviews and Principles," in Dovers, ed., *Australian Environmental History: Essays and Cases*, Oxford: Oxford University Press, 1994, pp. 1-20.

Dovers, Stephen, "On the Contribution of Environmental History to Current Debate and Policy," *Environment and History* 6, no. 2 (May 2000): 131-50.

Dovers, Stephen, "Sustainability and 'Pragmatic' Environmental History: A Note from Australia," *Environmental History Review* 18, no. 3 (Fall 1994): 21-36.

Dovers, Stephen, Edgecombe, Ruth, and Guest, Bill, eds., *South Africa's Environmental History: Cases and Comparisons*, Athens, OH: Ohio University Press, 2003, pp. 3-18.

Endfield, Georgina H., "Environmental History," in Noel Castree, David Demeritt, Diana Liverman, and Bruce Rhoads, eds., *A Companion to*

Environmental Geography, New York: Wiley-Blackwell, 2009, pp. 223-37.

Fay, Brian, "Environmental History: Nature at Work," *History and Theory* 42 (December 2003) 1-4.

Flanagan, Maureen A., "Environmental Justice in the City: A Theme for Urban Environmental History," *Environmental History* 5, no. 2 (April 2000): 159-64.

Glave, Dianne and Stoll, Mark, eds., *"To Love the Wind and the Rain": African Americans and Environmental History*, Pittsburgh: University of Pittsburgh Press, 2006.

Green, William A., "Environmental History," in *History, Historians, and the Dynamics of Change, Westport*, CT: Praeger, 1993, pp. 167-90.

Grove, Richard, "Environmental History," in Peter Burke, ed., *New Perspectives in Historical Writing*, Cambridge, UK: Polity, 2001, pp. 261-82.

Hamilton, Sarah R., "The Promise of Global Environmental History," *Entremons: UPF Journal of World History* 3 (June 2012): 1-12.

Hays, Samuel P., *Explorations in Environmental History*, Pittsburgh, PA: University of Pittsburgh Press, 1998.

Hays, Samuel P., "Toward Integration in Environmental History," *Pacific Historical Review* 70, no. 1 (2001): 59-68.

Hoffmann, Richard C., Langston, Nancy, McCann, James G., Perdue, Peter C., and Sedrez, Lise, "AHR Conversation: Environmental Historians and Environmental Crisis," *American Historical Review* 113 (2008): 1431-65.

Hornborg, A., McNeill, J. R., and Martinez-Alier, J., eds., *Rethinking Environmental History: World-System History and Global Environmental Change*, Lanham, MD: AltaMira Press, 2007.

Hughes, J. Donald, "Ecology and Development as Narrative Themes of World History," *Environmental History Review* 19, no. 1 (Spring 1995): 1-16.

Hughes, J. Donald, "Environmental History-World," in David R. Woolf, ed., *A Global Encyclopedia of Historical Writing*, 2 vols. New York, Garland Publishing, 1998, Vol. 1, pp. 288-91.

Hughes, J. Donald, *An Environmental History of the World*, 2nd edn. London and New York: Routledge, 2009.

Hughes, J. Donald, "Global Dimensions of Environmental History," (Forum on Environmental History, Retrospect and Prospect) *Pacific Historical Review* 70, no. 1 (February 2001): 91-101.

Hughes, J. Donald, "Global Environmental History: The Long View," in Jan Oosthoek and Barry K. Gills, eds., *The Globalization of Environmental*

Crisis, London and New York: Routledge, 2008, pp. 11-26.

Hughes, J. Donald, "The Greening of World History," in Marnie Hughes-Warrington, ed., *Palgrave Advances in World Histories*, New York: Palgrave Macmillan, 2005, pp. 238-55.

Hughes, J. Donald, "Nature and Culture in the Pacific Islands," *Leidschrift: Historisch Tijdschrift* (University of Leiden, Netherlands) 21, no. 1 (April 2006): 129-43. (Special issue, "Culture and Nature: History of the Human Environment").

Hughes, J. Donald, "The Nature of Environmental History," *Revista de Historia Actual* (*Contemporary History Review*, Spain) 1, no. 1 (2003): 23-30.

Hughes, J. Donald, "Three Dimensions of Environmental History," *Environment and History* 14 (2008): 1-12.

Hughes, J. Donald, "What Does Environmental History Teach?" in Angela Mendonça, Ana Cunha, and Ranjan Chakrabarti, eds., *Natural Resources, Sustainability and Humanity: A Comprehensive View*, Dordrecht: Springer, 2012, pp. 1-15.

Isenberg, Andrew C., ed., *The Oxford Handbook of Environmental History*, Oxford: Oxford University Press, 2014.

Jacoby, Karl, "Class and Environmental History: Lessons from the War in the Adirondacks," *Environmental History* 2, no. 3 (July 1997): 324-42.

Jamieson, Duncan R., "American Environmental History," *CHOICE* 32, no. 1 (September 1994): 49-60.

Krech, Shepard, III, McNeill, J. R., and Merchant, Carolyn, eds., *Encyclopedia of World Environmental History*, 3 vols. New York and London: Routledge, 2004.

Kreike, Emmanuel, *Deforestation and Reforestation in Namibia: The Global Consequences of Local Contradictions*, Princeton: Markus Weiner, 2010.

Leach, Melissa, and Green, Cathy, "Gender and Environmental History: From Representation of Women and Nature to Gender Analysis of Ecology and Politics," *Environment and History* 3, no. 3 (October 1997): 343-70.

Leibhardt, Barbara, "Interpretation and Causal Analysis: Theories in Environmental History," *Environmental Review* 12, no. 1 (1988): 23-36.

Lewis, Chris H., "Telling Stories About the Future: Environmental History and Apocalyptic Science," *Environmental History Review* 17, no. 3 (Fall 1993): 43-60.

Lowenthal, David, "Environmental History: From Genesis to Apocalypse," *History Today* 51, no. 4 (2001): 36-44.

McNeill, John R., "Observations on the Nature and Culture of Environmental History," *History and Theory* 42 (December 2003): 5-43.

McNeill, John R., "The State of the Field of Environmental History," *Annual Review of Environment and Resources* 35 (November 2010): 345-74.

McNeill, John R. and Mauldin, Erin Stewart, eds., *A Companion to Global Environmental History*, Hoboken, NJ: Wiley-Blackwell, 2012.

McNeill, John R., Pádua, José Augusto and Rangarajan, Mahesh, eds., *Environmental History as if Nature Existed: Ecological Economics and Human Well-Being*, New Delhi: Oxford University Press, 2010.

Melosi, Martin V., "Equity, Eco-Racism and Environmental History." *Environmental History Review* 19, no. 3 (Fall 1995): 1-16.

Melosi, Martin V., "Humans, Cities, and Nature: How Do Cities Fit in the Material World?". *Journal of Urban History* 36, no. 1 (2010): 3-21.

Merchant, Carolyn, *Earthcare: Women and the Environment*, New York: Routledge, 1996.

Merchant, Carolyn, *American Environmental History: An Introduction*, New York: Columbia University Press, 2007.

Merchant, Carolyn, *Major Problems in American Environmental History: Documents and Essays*, Independence, KY: Cengage-Brain, 2012.

Merchant, Carolyn, "Shades of Darkness: Race and Environmental History," *Environmental History* 8, no. 3 (July 2003): 380-94.

Merchant, Carolyn, "The Theoretical Structure of Ecological Revolutions," *Environmental Review* 11, no. 4 (Winter 1987): 265-74.

Merricks, Linda, "Environmental history," *Rural History* 7 (1996): 97-106.

Mikhail, Alan, ed., *Water on Sand: Environmental Histories of the Middle East and North Africa*, Oxford: Oxford University Press, 2013.

Mosley, Stephen, "Common Ground: Integrating Social and Environmental History," *Journal of Social History*, 39, no. 3 (Spring 2006): 915-933.

Mosley, Stephen, *The Environment in World History*, Abingdon, Oxon.: Routledge, 2010.

Mulvihill, Peter R., Baker, Douglas C., and Morrison, William R., "A Conceptual Framework for Environmental History in Canada's North," *Environmental History* 6, no. 4 (October 2001): 611-26.

Myllyntaus, Timo, ed., *Thinking through the Environment: Green Approaches to Global History*, Cambridge: White Horse Press, 2011.

Myllyntaus, Timo, "Writing about the Past with Green Ink: The Emergence of Finnish Environmental History," in Erland Marald and Christer Nordlund, ed., *Skrifter fran forskningsprogrammet Landskapet som arena nr X*, Umea: Umea University, 2003.

Nash, Roderick, "American Environmental History: A New Teaching Frontier," *Pacific Historical Review* 41, no. 3 (1972): 362-72.

Nash, Roderick, "Environmental History," in Herbert J. Bass, ed., *The State of American History*, Chicago: Quadrangle Press, 1970, pp. 249-60.

Norwood, Vera, "Disturbed Landscape/Disturbing Process: Environmental History for the Twenty-First Century," *Pacific Historical Review* 70, no. 1 (February 2001): 77-90.

O' Connor, James, "What is Environmental History? Why Environmental History?" in O' Connor, ed., *Natural Causes: Essays in Ecological Marxism*, New York and London: Guilford Press, 1998, pp. 48-70.

Opie, John, "Environmental History: Pitfalls and Opportunities." *Environmental Review* 7, no. 1 (Spring 1983), 8-16.

Pádua, José Augusto, "The Theoretical Foundations of Environmental History," *Estudos Avançados* 24, no. 68 (2010): 81-101.

Pawson, Eric, and Dovers, Stephen, "Environmental History and the Challenges of Interdisciplinarity: An Antipodean Perspective," *Environment and History* 9, no. 1 (February 2003): 53-75.

Powell, Joseph M., "Historical Geography and Environmental History: An Australian Interface," *Journal of Historical Geography* 22 (1996): 253-73.

Pyne, Steven, "Environmental History without Historians," *Environmental History* 10, no. 1 (January 2005): 72-4

Radkau, Joachim, *The Age of Ecology*, Cambridge: Polity, 2014.

Radkau, Joachim, *Nature and Power: A Global History of the Environment.* Cambridge, UK: Cambridge University Press, 2008.

Simmons, Ian Gordon, *Changing the Face of the Earth: Culture, Environment, History*, Oxford: Blackwell, 1989.

Simmons, Ian Gordon, *Environmental History: A Concise Introduction*, Oxford: Oxford University Press, 1993.

Simmons, Ian Gordon, *Global Environmental History*, Chicago: University of Chicago Press, 2008.

Smout, T. C., *Exploring Environmental History*, Edinburgh: Edinburgh University Press. 2009.

Sörlin, Sverker and Warde, Paul, "The Problem of the Problem of Environmental History: A Re-Reading of the Field," *Environmental History* 12 (2007): 107-30.

Squatriti, Paolo, ed., *Natures Past: The Environment and Human History*, Ann Arbor: University of Michigan Press, 2007.

Star, Paul, "New Zealand Environmental History: A Question of Attitudes," *Environment and History* 9, no. 4 (November 2003): 463-76.

Steinberg, Theodore, "Down to Earth: Nature, Agency and Power in History," *American Historical Review* 107, no. 3 (2002): 798-820.

Stewart, Mart A., "Environmental History: Profile of a Developing Field," *History Teacher* 31 (May 1998): 351-68.

Stewart, Mart A., "If John Muir Had Been an Agrarian: American Environmental History West and South," *Environment and History* 11, no. 2 (May 2005): 139-62.

Steyn, Phia, "A Greener Past? An Assessment of South African Environmental Historiography," *New Contree* 46 (November 1999): 7-27.

Stine, Jeffrey K and Tarr, Joel A., "At the Intersection of Histories: Technology and the Environment," *Technology and Culture* 39 (October 1998): 601-40.

Stoll, Mark, ed., American Society for Environmental History. *Historiography Series in Global Environmental History*, http://www.h-net.org/~environ/historiography/historiography.html.

Stroud, Ellen, "Does Nature Always Matter? Following Dirt Through History." *History and Theory* 42 (December 2003): 75-81.

Sutter, Paul, "What Can US Environmental Historians Learn from Non-US Environmental Historiography?" *Environmental History* 8, no. 1 (January 2003): 109-29.

Tate, Thad W., "Problems of Defi nition in Environmental History," *American Historical Association Newsletter* (1981): 8-10.

Taylor, Alan, "Unnatural Inequalities: Social and Environmental Histories," *Environmental History* 1, no. 4 (October 1996): 6-19.

Terrie, Philip G., "Recent Work in Environmental History," *American Studies International* 27 (1989): 42-63.

Uekoetter, Frank, "Confronting the Pitfalls of Current Environmental History: An Argument for an Organizational Approach," *Environment and History* 4, no. 1 (February 1998): 31-52.

Uekoetter, Frank, ed., *The Turning Points of Environmental History*, Pittsburgh: University of Pittsburgh Press, 2010.

Warde, Paul and Sörlin, Sverker, *Nature's End: History and the Environment*, London: Macmillan, 2009.

Warde, Paul and Sörlin, Sverker, "The Problem of the Problem of Environmental History: A Re-reading of the Field and its Purpose," E*nvironmental History* 12, no. 1 (2007): 107-30.

Weiner, Douglas R., "A Death-Defying Attempt to Articulate a Coherent Defi nition of Environmental History," *Environmental History* 10, no. 3 (July 2005): 404-20.

White, Richard, "Afterword, Environmental History: Watching a Historical Field Mature," *Pacific Historical Review* 70 (February 2001), 103-11.

White, Richard, "American Environmental History: The Development of a New Historical Field," *Pacific Historical Review* 54 (August 1985): 297-335.

White, Richard, "Environmental History: Retrospect and Prospect," *Pacific Historical Review* 70, no. 1 (2001): 55-7.

Williams, Michael, "The End of Modern History?", *Geographical Review* 88, no. 2 (April 1998): iii-iv and 275–300.

Williams, Michael, "The Relations of Environmental History and Historical Geography," *Journal of Historical Geography* 20 (1984): 3-21.

Winiwarter, Verena, et al., "Environmental History in Europe from 1994 to 2004: Enthusiasm and Consolidation," *Environment and History* 10, no. 4 (November 2004): 501-30.

Worster, Donald, "Doing Environmental History," in Worster, ed., *The Ends of the Earth: Perspectives on Modern Environmental History*, Cambridge: Cambridge University Press, 1988, pp. 289-307.

Worster, Donald, "History as Natural History: An Essay on Theory and Method," *Pacific Historical Review* 53 (1984): 1-19.

Worster, Donald, "Nature and the Disorder of History." *Environmental History Review* 18 (Summer 1994): 1-15.

Worster, Donald, et al., "A Roundtable: Environmental History," *Journal of American History* 74, no. 4 (March 1990): 1087-147.

Worster, Donald, "The Two Cultures Revisited: Environmental History and the Environmental Sciences," *Environment and History* 2, no. 1 (February 1996): 3-14.

Worster, Donald, *The Wealth of Nature: Environmental History and the Ecological Imagination*, Oxford: Oxford University Press, 1993.

Worster, Donald, "World Without Borders: The Internationalizing of Environmental History," *Environmental Review* 6, no. 2 (Fall 1982): 8-13.

환경사란 무엇인가?

2022년 9월 10일 초판 1쇄 발행
2023년 12월 15일   2쇄 발행

지은이 | 도널드 휴즈
옮긴이 | 최용찬
펴낸이 | 노경인 · 김주영

펴낸곳 | 도서출판 앨피
출판등록 | 2004년 11월 23일 제2011-000087호
전화 | 02-336-2776 팩스 | 0505-115-0525
블로그 | bolg.naver.com/lpbook12
전자우편 | lpbook12@naver.com

ISBN 979-11-92647-01-2 93900